힘을 다하여
주님께 배우라

KB189950

이 소중한 책을

특별히 _____님께

드립니다.

김장환 목사와 함께
주제별 설교·성경공부·예화 자료

• • •

힘을 다하여
주님께 배우라

나침반

목차

서문

세상에 오신 주님은 십자가를 통해 구원의 대업을 이루시고 성경과 성령을 선물로 남겨주셨습니다. 성경과 성령은 부활하신 예수님이 우리에게 남겨주신 구원의 증거이자 유일한 소망입니다. 성령님이 우리 안에 거하시지 않고 성경이 없다면 우리는 결코 하나님을 알 수도 없을뿐더러 구원을 받을 수도 없습니다. 우리는 성경을 통해 나를 위해 이 땅에 오신 주 예수 그리스도를 알 수 있고, 우리의 창조주이신 하나님의 속성과 진리의 말씀, 지켜야 할 계명이 무엇인지 알 수 있습니다.

> "모든 성경은 하나님의 감동으로 된 것으로 교훈과 책망과 바르게 함과 의로 교육하기에 유익하니 이는 하나님의 사람으로 온전케 하며 모든 선한 일을 행하기에 온전케 하려 함이니라" – 디모데후서 3장 16,17절

성경이 없다면 우리는 결코 죄에서 벗어날 수 없습니다.
우리는 성경을 통해 우리를 구원하러 오신 예수님을 알 수 있고, 이로 인해 죄에서 벗어나 승리할 수 있습니다(엡 6:17). 성경을 통해 이기적인 본성에 끌려다니지 않고 하나님의 뜻을 따라 살 수 있으며, 정욕과 물욕에 휩쓸리지 않고 하나님이 주신 사명을 위한 삶을 살아가며 참된 만족과 기쁨을 얻

을 수 있습니다(골 2:6,7).

참된 생명의 길은 오직 하나뿐입니다. 잘못된 길로 사람들을 미혹하게 있는 헛된 지식이 범람하는 이 시대에 우리는 유일한 진리인 하나님의 말씀을 배움으로 하나님이 인도하시는 바른길을 따라가야 합니다.

올바른 길을 알 수 있도록 주님이 성경과 성령을 남겨주셨음에도 구원을 받았다는 안도감과 자만감에 빠져 있는 성도들이 많습니다. 우리 역시 하나님이 주신 말씀을 배우고 익히는데 너무 소홀하지 않았는지, 성령 충만함을 위해 경건생활을 제대로 하고 있는지 스스로를 점검하며 더욱 배우기에 힘써야 합니다.

성경이 전하는 진리와 성령 충만한 삶을 위해 이 책은 기존의 책과는 조금 다르게 세 가지 부분으로 구성되어 있습니다.

첫째, 배워야 할 것들에 대한 설교 내용을 핵심 위주로 요약 및 정리해 누구나 쉽게 읽을 수 있도록 만들었습니다.
둘째, 한국 교회 성장에 크게 기여한 구역 모임이나 그룹 성경공부에서 교재로도 사용할 수 있게 만들었습니다.
셋째, 설교나 여러 모임에서 적절하게 활용하면 좋을 예화를 수록했습니다.

세상에서 주님을 간절히 증거할 진정한 그리스도인들이 그 어느 때보다 필요한 오늘날입니다. 이 한 권의 책으로 변화된 성도들이 복음의 전달자로 바로 서며 한 번 더 뜨거운 부흥이 온 땅을 뒤덮게 되기를 소망합니다.

성경에 대한 명언들

● 하나님이 인류에게 주신 역사상 최고의 선물은 하나님의 말씀인 성경이다. – 에이브러햄 링컨

● 하나님의 말씀을 따르는 가정은 천사들이 동행할 것이다. – 찰스 스펄전

● 성경이 없었다면 인류는 이미 멸망했을 것이다. – 토마스 제퍼슨

● 나는 영국을 포기할지라도 성경을 버릴 수는 없다. 영국이 위대한 나라가 된 이유가 바로 성경이기 때문이다. – 엘리자베스 여왕

● 성경 없이 하루를 시작하는 것은 나침반 없이 출항하는 선장과 같다. – 우찌무라 간조

● 성경은 실로 놀라운 책이다! 성경의 깊이는 세상의 모든 것을 담을지라도 부족함이 없다. 세상의 탄생, 약속의 성취, 생명과 사망, 인류의 모든 이상이 이 책 안에 들어 있으니 성경이야말로 모든 책 중에 가장 귀한 책이다. – 하이네

- 성경을 매일 펴서 읽는 사람의 앞에는 천국행 길이 펼쳐 져 있다. – 에이브러햄 링컨

- 넓은 땅보다 한 권의 성경을 선택하는 지혜로운 사람이 되거라. – 낸시 링컨(링컨 대통령의 어머니)

- 성경으로 변화되지 않는 사람은 성경을 읽지 않은 사람 들뿐이다. – 린제이 페리고

- 성경을 대충 읽지 않도록 주의하라. 성경을 과장해서 읽 지 않도록 주의하라. – W.E. 생스터

- 내가 아는 세상의 가장 위대한 사람 95명 중 87명은 성 경을 읽고, 성경대로 살려고 노력하는 사람들이다. – 글래드스턴

- 하나님과 성경 없이는 세상을 올바르게 통치할 수 없다. – 조지 워싱턴

- 69년의 인생을 행복하게 살 수 있었던 것은 오직 성경 때문이다. – 뮐러

1

서론

모든 성경 말씀은 하나님의 계시다. 그리스도인은 성경을 정말로 하나님의 말씀으로 믿어야 한다. 성경은 그리스도인의 행동과 삶의 유일한 기준이 되며, 우리에게 들려주시는 하나님의 음성이다. 성경은 우리를 위해 하나님이 전해주신 진리와 지혜의 근간이므로 그리스도인은 이 말씀을 열심히 배우고 원리대로 생활하고자 노력해야 한다. 그러기 위해서는 먼저 성경을 체계적으로 꾸준히 공부해야 한다.

1. 성경공부의 필요성

사람은 아는 것만 믿을 수 있다. 예수님을 믿고 구원받았다고 고백하면서 그 말씀인 성경에 대해서는 하나도 모른다고 말할 수 있겠는가? 믿음에는 반드시 행동이 따라야 한다. 누군가를 사랑한다고 말하지만 아무 관심도 없고 오히려 의심하고 미워한다면 그 고백은 안 하느니만 못한 거짓말이 된다. 말씀을 배우고, 말씀대로 사는 것은 성도의 당연한 의무이며 기쁨이다. 성경대로 살 때에 우리 삶에는 다음과 같은 유익이 찾아온다.

① 영혼이 더 건강하게 성장한다(벧전 2:2, 고전 3:1,2).
② 죄로부터 승리할 수 있다(엡 6:17, 요일 2:14).

③ 하나님의 뜻을 알고 올바르게 주님을 섬길 수 있다 (딤전 4:6, 딤후 3:16,17).

④ 복되고 행복한 삶을 살게 된다(시 1:1-3, 수 1:8,9).

⑤ 다른 사람을 돕게 된다(벧전 3:15, 딤후 2:2).

2. 성경과 그리스도인의 생활

'기도'가 그리스도인의 호흡이듯이 '말씀'은 그리스도인의 양식이다. 구원으로 거듭난 우리는 하나님의 자녀가 되는 은혜를 얻었지만 기도와 말씀 없이는 성령 충만한 삶을 이어갈 수 없다. 기도하지 않고 말씀을 보지 않는 그리스도인의 삶은 존재하지 않는다. 그리스도인에게 말씀이 반드시 필요한 이유는 다음과 같다.

(1) 영적인 생명을 얻는다.

"너희의 허물과 죄로 죽었던 너희를 살리셨도다" – 에베소서 2장 1절

죄로 죽을 수밖에 없는 운명이던 허물 많은 우리가 하나님의 말씀을 들음으로 믿게 되었고, 믿음으로 새로운 생명을 얻게 되었다. 하나님의 말씀을 통해서만 구원받고 영생을 얻

을 수 있다.

(2) 믿음을 성장시킨다.

"갓난 아이들 같이 순전하고 신령한 젖을 사모하라 이
는 이로 말미암아 너희로 구원에 이르도록 자라게 하려
함이라" – 베드로전서 2장 2절

말씀은 그리스도인의 영에 필요한 양식이다. 충분히 음식
을 먹지 않으면 영양실조에 걸려 성장의 때를 놓치는 것처럼
그리스도인도 영적인 양식이 부족하지 않게 매일 충분한 영
의 양식을 말씀으로 섭취해야 한다. 이 사실을 깨달았던 욥
은 "일정한 음식보다 그 입의 말씀을 귀히 여겼다(욥 23:12)"라
고 고백했다.

(3) 죄에 대해 승리할 수 있다.

"구원의 투구와 성령의 검 곧 하나님의 말씀을 가지라"

– 에베소서 6장 17절

예수님은 광야에서 시험을 받으실 때 구약의 말씀을 인용
하시어 마귀를 물리치셨다(마 4:1–11). 하나님의 말씀은 '성령
의 검'으로 우리가 마귀를 대적할 강력한 무기다. 이 무기를
놓치지 않고 날마다 연단함으로 우리는 죄에 빠지지 않고 마
귀에게 승리할 수 있다.

(4) 진리를 배운다.

"모든 성경은 하나님의 감동으로 된 것으로 교훈과 책
망과 바르게 함과 의로 교육하기에 유익하니"－디모데후서 3
장 16절

세상의 학문과 철학으로는 사람을 변화시킬 수 없다.

오직 말씀으로만 이런 일이 가능하다. 하나님의 감동으로
기록된 성경에는 구원의 진리뿐 아니라 교훈과 책망, 바르게
의를 가르치는 모든 교육의 정수가 담겨있다. 하나님의 말씀
을 통해 마땅히 행해야 할 바를 깨달은 그리스도인은 세상에
서 하나님의 선한 일을 감당하며 진리의 길이 어디에 있는지
세상에 보여준다.

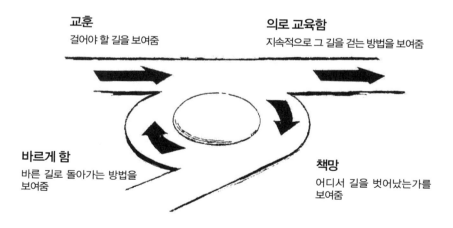

교훈
걸어야 할 길을 보여줌

의로 교육함
지속적으로 그 길을 걷는 방법을 보여줌

바르게 함
바른 길로 돌아가는 방법을
보여줌

책망
어디서 길을 벗어났는가를
보여줌

3. 말씀의 유익과 다른 지칭들

성경에는 말씀을 표현하는 다양한 표현들이 있다. 이 표현들과 함께 성경이 말하는 말씀의 유익이 무엇인지 다음의 표를 통해 살펴보자.

성구	별명	유익
야고보서 1장 18절	진리의 말씀	거듭나게 함
베드로전서 2장 2절	젖	구원에 이르도록 자라게 함
히브리서 5장 12-14절	젖	어린아이의 양식
마태복음 13장 18절	씨	열매 맺음
시편 119편 105절	등, 빛	올바른 길로 인도
시편 119편 100절	법도	명철함
야고보서 1장 23-25절	거울	자신의 모습을 보여줌
에베소서 5장 26절	물	씻어줌
요한복음 15장 3절	말씀	깨끗케 함
시편 119편 10,11절	계명	죄를 짓지 않게 함
예레미야 23장 29절	불, 방망이	태우고, 부스러트림
히브리서 4장 12절	검	쪼개고 감찰함
에베소서 6장 17절	검	마귀를 공격함

4. 말씀의 생활화

육의 양식을 위해서도 하루에 세 번은 식사를 해야 한다.

말씀은 일주일에 한 번 교회에 와서만 듣는 것이 아닌 시시
때때로 우리의 삶 가운데 들어와야 한다. 말씀의 생활화를
위해 다음의 사항을 참고하자.

(1) 듣는 생활

설교를 통해 말씀을 들을 때 필기를 하면 핵심 내용을 더
잘 파악하고 오래 기억할 수 있다. 지금은 인터넷과 스마트
폰의 발달로 마음만 먹으면 어디서나 설교를 들을 수 있는
시대다. 교회 목사님의 설교를 반복해서 듣는 것도 좋고, 라
디오 등을 통해서도 말씀을 찾아 듣는 습관을 들이자.

(2) 읽는 생활

성경을 규칙적으로 읽는 습관은 경건생활에 매우 중요하
다. 듣기만 할 때 사람은 전체 내용의 15%밖에 기억을 못 하
지만 읽을 때는 30%는 기억할 수 있다. 1년 1독을 기준으로
해도 좋고, 최소 하루에 한 장이라도 말씀을 읽어도 좋다. 습
관이 되어 매일 말씀을 손에서 놓지 않도록 읽는 습관을 들
여야 한다. 신앙생활에 도움이 되는 서적들도 함께 읽으면
묵상과 이해의 폭이 더욱 넓어진다.

(3) 학습 생활

말씀을 더 깊이 알기 위해서는 연구와 공부가 필요하다.
교회의 성경공부 반도 좋고, 검증된 고전들을 통해 말씀을

깊이 있게 이해하려고 노력하자.

(4) 암송 생활

암송을 통해 하나님의 말씀을 우리 심중에 두면 갑옷과 같이 강력한 보호를 받을 수 있다. 기독교 진리의 중요한 구절을 적어둔 암송 카드나, 매주 들은 설교 본문을 적어 외울 때까지 반복해서 보자. 보고 읽는 것보다 외운 구절을 통해 신앙생활이 더욱 풍성해질 것이다. 암송을 통해 죄의 유혹을 물리치고, 더 풍성한 기도와 전도의 열매를 맺자.

(5) 묵상 생활

하나님의 말씀은 오묘한 능력이 있어서 평생을 묵상해도 새로운 깨달음을 준다. 소가 되새김질하듯이 은혜받은 말씀을 반복해서 묵상하자. 한 구절의 말씀에 사람의 인생을 송두리째 변화시킬 힘이 있다. 다윗처럼 말씀을 깊이 묵상하면 하나님의 마음을 깨닫고 예수님의 성품을 닮아갈 수 있다.

(6) 실천 생활

하나님의 말씀은 듣고, 읽고, 외운다 하더라도 내 삶이 변화되지 않고, 내 삶을 통해 나타나지 않으면 우리의 신앙은 아무런 힘이 없는, 죽은 신앙에 그치고 만다. 말씀을 공부하는 이유는 말씀대로 생활하기 위해서이다. 말씀이 가르치는 바를 따라 빛을 따라 세상에서 살아가는 삶을 살아가자.

5. 성경을 대하는 자세

성경을 쉽게 어디서나 접할 수 있게 되면서 덩달아 말씀의 가치를 쉽게 생각하는 그리스도인이 생겨나고 있다.

세상을 밝힐 유일한 등불인 성경을 그리스도인은 다음과 같은 태도로 대해야 한다.

① 탐구하는 자세로 읽어야 한다(잠 2:3-6).

② 기도하며 읽어야 한다(시 119:18).

③ 회개하며 읽어야 한다(약 1:21).

④ 함께 모여 읽어야 한다(느 8:13).

⑤ 겸손한 마음으로 읽어야 한다(약 1:21).

⑥ 믿음으로 읽어야 한다(히 11:6).

⑦ 말씀대로 행하려고 읽어야 한다(약 1:22-25).

2
성경과 교훈에 대한 설교

1. 구원의 확신

"하나님의 아들을 믿는 자는 자기 안에 증거가 있고 하나님을 믿지 아니하는 자는 하나님을 거짓말 하는 자로 만드나니 이는 하나님께서 그 아들에 관하여 증거하신 증거를 믿지 아니하였음이라 또 증거는 이것이니 하나님이 우리에게 영생을 주신 것과 이 생명이 그의 아들 안에 있는 그것이니라 아들이 있는 자에게는 생명이 있고 하나님의 아들이 없는 자에게는 생명이 없느니라" – 요한1서 5장 10–12절

서론

우리는 불안과 불확실성의 시대를 살아가고 있다. 세상의 모든 것이 예측불허다. 10년이면 강산이 변하는 생활이라고 하지만 당장 1년만 돌아봐도 누구도 예측할 수 없는 엄청난 사고들이 셀 수도 없이 많이 일어났음을 알게 된다. 정치, 경제, 종교까지도 무엇 하나 예측할 수가 없는 화약고와 같은 시대인 것 같다.

20세기의 저명한 경제학자인 존 갤브레이스(John Kenneth Galbraith)는 이런 이유로 오늘날을 '불확실성의 시대'라고 말했

다. 확실한 것이 무엇인지 어느 것 하나 꼭 집어 말할 수가 없기 때문이다. 자신의 힘으로 확실한 것을 찾지 못한 사람들은 '진리'가 아닌 '과도한 자기 확신'에 매료되어 살아가고 있다. 조금만 생각해 봐도 말도 안 되는 사기꾼들에게 엄청난 추종자가 생기는 것이 바로 이런 이유 때문이다. 정치, 경제, 사회, 종교 어느 분야에서나 공통적으로 일어나고 있는 현상이다.

모든 문제의 원인은 변하지 않는 진리인 성경을 통해 '구원'을 받지 못했기 때문이다. 다른 말로 하면 주님을 영접한 그리스도인은 '구원'에 대한 분명한 확신이 있어야 한다는 뜻이다. 장래의 일은 누구도 확신할 수 없다. 그리스도인 역시 당장 내일 무슨 일이 일어날지 알 수 없지만 그럼에도 '구원은 확신할 수 있는 유일한 진리'임을 성경은 말하고 있다. 이 사실을 믿는 사람들이 그리스도인이다. 성경에 나오는 말씀을 통해 어떻게 구원을 확신할 수 있으며 구원과 그리스도인은 어떤 관계에 있는지 살펴보도록 하자.

첫째, 가짜 그리스도인

어떤 사람이 그리스도인일까? 교회에 다니는 사람? 매일 성경을 읽는 사람? 하나님을 믿는다고 고백하는 사람? 누구나 교회에 다닐 수는 있지만 교회에 다니는 모든 사람이 그리스도인은 아니다. 진정한 그리스도인의 조건을 갖추지 못한다면 교회를 다닌다고, 헌금을 많이 한다고, 신앙생활을 오래 했다고 그리스도인이 되지는 않는다.

그리스도인이 되면 교회를 다니고, 선행을 하고, 말씀을 읽게 되지만, 반대로 교회도 다니고, 선행도 하고, 말씀을 읽어도 그리스도인이 아닐 수 있다. 행동으로는 그리스도인이 될 수 없기 때문이다. 여기에는 네 가지 이유가 있다.

(1) 혈통으로는 구원받을 수 없다.

> "니고데모가 가로되 사람이 늙으면 어떻게 날 수 있삽나이까 두번째 모태에 들어갔다가 날 수 있삽나이까 예수께서 대답하시되 진실로 진실로 네게 이르노니 사람이 물과 성령으로 나지 아니하면 하나님 나라에 들어갈 수 없느니라 육으로 난 것은 육이요 성령으로 난 것은 영이니" – 요한복음 3장 4-6절

예수님이 세상에 오셨을 때 이스라엘 사람들은 자신들이 아브라함의 자손이기 때문에 선택받은 민족이라는 선민사상을 가지고 있었다. 현대 사회에서도 자신이 모태신앙이기 때문에 자연스럽게 그리스도인이라는 생각을 가지는 사람들이 많다. 구원에 있어서 중요한 것은 누구의 후손인지, 모

태신앙인지, 이런 것들이 아니다. 개인적으로 주님을 영접하지 않은 사람들은 아무리 믿음의 가문의 후손이고, 모태신앙이라 하더라도 그리스도인이 될 수 없다. "하나님에게 자녀는 있어도 손자, 손녀는 없다"라는 말처럼 그리스도인이 되기 위해서는 주님을 영접함으로 거듭나는 방법 밖에는 없다.

(2) 종교활동으로는 구원받을 수 없다.

"그 때 마침 두어 사람이 와서 빌라도가 어떤 갈릴리 사람들의 피를 저희의 제물에 섞은 일로 예수께 고하니 대답하여 가라사대 너희는 이 갈릴리 사람들이 이 같이 해 받음으로써 모든 갈릴리 사람보다 죄가 더 있는줄 아느냐 너희에게 이르노니 아니라 너희도 만일 회개치 아니하면 다 이와 같이 망하리라" - 누가복음 13장 1-3절

매주 예배를 드리고, 헌금을 하고, 교회의 모임에 참석한다고 역시 그리스도인이 되는 것은 아니다. 얼마든지 다른 이유로 교회에 나오고 많은 헌금을 낼 수도 있다. 예수님을 가장 배척하고 심지어 십자가에 못을 박았던 사람들이 당시 누구보다도 신앙생활을 열심히 하던 종교인들이었다. 이런 이유로 예수님은 종교활동이 구원의 조건이 아니며 진정으로 거듭나지 않으면 하나님의 심판대 앞에 설 수밖에 없다고 경고하셨다.

종교의식은 거듭난 그리스도인의 삶에 반드시 나타나야할 모습이지만 믿지 않는 사람이 종교활동만 한다고 갑자기 그리스도인이 되는 것은 아니다. 내가 그리스도인인 이유가 교회에 나가고 있기 때문인지, 아니면 개인적인 구원의 확신이 있기 때문인지 스스로도 점검해야 한다.

(3) 선행으로는 구원받을 수 없다.

"너희가 그 은혜를 인하여 믿음으로 말미암아 구원을 얻었나니 이것이 너희에게서 난 것이 아니요 하나님의 선물이라" – 에베소서 2장 8절

선행 역시 그리스도인의 삶에 나타나야 할 변화이지만 반대로 선을 행한다고 구원받을 수는 없다. 구원을 받았기 때문에 선을 행하는 것인지, 아니면 선을 행함으로 구원을 받으려고 하는지를 우리는 명확히 판단해야 한다. 성경은 선을 행한다고 구원받을 수 없음을 분명하게 증거하고 있다. 우리의 선행으로는 죄의 대가를 결코 다 치를 수 없기 때문이다.

(4) 복음을 안다고 구원받을 수 없다.

"네가 하나님은 한 분이신 줄을 믿느냐 잘하는도다 귀신들도 믿고 떠느니라 아아 허탄한 사람아 행함이 없는 믿음이 헛 것인줄 알고자 하느냐" – 야고보서 2장 19,20절

예수님을 극적인 체험으로 영접했다고 해도 복음을 올바로 아는 것은 대단히 중요하다. 주님을 향한 열심과 믿음이 세상에 올바로 전해지기 위해서는 말씀을 제대로 알아야 하기 때문이다. 대상과 내용이 정해지지 않은 믿음은 그저 맹목적인 신뢰일 뿐이다. 우리가 무엇을 믿고 있는지, 또 무엇을 해야 하는지, 그럴 때 어떤 유익이 있는지를 복음에 대한 올바른 지식으로 깨달을 수 있다.

하지만 복음을 잘 안다고 해서 그리스도인이 되는 것은 아니다. 때때로 어떤 무신론자들은 그리스도인보다 복음을 더 잘 알고 있는 경우도 있다. 그렇다고 그들이 그리스도인은 아니다. 야고보서의 내용처럼 하나님이 누구인지 알지만 오히려 복음을 공격하고 반대할 수 있다. 이런 이유로 복음을 지식적으로 제대로 알고 있다고 해서 그리스도인이 될 수는 없다.

둘째, 진정한 그리스도인

그렇다면 어떤 사람이 진정한 그리스도인이며, 그리스도인이 되기 위해서 우리는 어떻게 해야 하는가? 성경에는 그리스도인의 조건이 세 가지로 압축되어 있다.

(1) 회개하고 예수님을 영접한 사람

> "영접하는 자 곧 그 이름을 믿는 자들에게는 하나님의
> 자녀가 되는 권세를 주셨으니" - 요한복음 1장 12절

진정한 그리스도인은 자기 죄를 깨닫고 회개함으로 예수 그리스도를 구주와 주님으로 마음에 영접한 사람이다. 회심은 언제 어디서든 일어날 수 있다. 부흥회나 성경공부 시간, 상담을 받다가, 혹은 혼자서 말씀을 묵상하다가도 죄를 깨닫고 주님을 영접하는 '거듭남의 사건'이 일어날 수 있다. 모태신앙으로 종교생활을 열심히 하고 있어도 죄를 깨닫고 주님을 영접하는 체험을 하지 못했다면 그 사람은 여전히 그리스도인이 아니다.

(2) 성령으로 거듭난 사람

> "우리를 구원하시되 우리의 행한바 의로운 행위로 말미
> 암지 아니하고 오직 그의 긍휼하심을 좇아 중생의 씻음
> 과 성령의 새롭게 하심으로 하셨나니" - 디도서 3장 5절

니고데모는 바리새인으로 이스라엘의 선생이었지만 거듭나지 않았기 때문에 하늘나라에 들어갈 수 없었다. 당시 바리새인이라면 누구보다도 성경을 많이 알고 열심히 신앙생활을 하던 사람이었다. 그럼에도 예수님은 그리스도인이 되기 위해서는 성령으로 거듭나야 한다고 니고데모에게 말씀

하셨다. 죄에 속박된 사람이 그리스도인이 되기 위해서는 성령의 역사하심 외에는 방법이 없다.

(3) 그리스도와 연합한 사람

"이는 혈통으로나 육정으로나 사람의 뜻으로 나지 아니
하고 오직 하나님께로서 난 자들이니라"-요한복음 1장 13절

'그리스도인'이라는 뜻의 영어 단어 'Christian'은 '그리스
도의 사람(Christ + ian)'이라는 뜻이다. 그리스도와 연합한 사람
이 그리스도인이며, 그리스도의 생명을 갖고, 그리스도의
삶을 좇아 살아가는 사람이 참 그리스도인이다. 요한은 이런
사람을 '하나님께로서 난 자'라고 표현했다.

요약하면 진정한 그리스도인이란 죄를 회개하고 주님을
영접하여 성령으로 거듭난 사람이다.
진정한 그리스도인은 주님과 연합하며 세상에서 주님을
나타내며 살아간다. 하나님은 이런 그리스도인에게만 구원
을 약속해 주셨다.

셋째, 구원의 의미

구원은 모든 사람이 살기 위해 받아야 할 인생의 가장 중

요한 과제다. 구원이 무엇인지 제대로 이해하기 위해 과거와
현재, 미래로 나눠지는 구원의 의미에 대해서 살펴보자.

(1) 과거적 의미의 구원

"너희가 그 은혜를 인하여 믿음으로 말미암아 구원을
얻었나니 이것이 너희에게서 난 것이 아니요 하나님의
선물이라 행위에서 난 것이 아니니 이는 누구든지 자랑
치 못하게 함이니라" – 에베소서 2장 8,9절

"구원을 받았다", "구원을 얻었다"는 성도들이 가장 많이
표현하는 의미의 구원이며 과거적 의미의 구원이다. 과거
에 이미 이루어진 이 구원은 '죄의 형벌'에서의 구원을 의미
한다. 모든 사람은 죄인이며, 죄의 대가는 사망이다. 이 죄
의 결과를 피할 수 있는 사람은 단 한 명도 없다. 이런 인류
를 구원하시기 위해서 하나님은 예수님을 보내주셨다. 그런
이유로 우리가 주님을 믿는 순간 죄의 형벌에서 구원을 받게
되며, 이 구원을 우리는 "구원 받았다"라고 표현한다. '칭의',
'위치적 성화'도 과거적 의미의 구원의 다른 표현이다.

(2) 현재적 의미의 구원

"그러므로 나의 사랑하는 자들아 너희가 나 있을 때 뿐
아니라 더욱 지금 나 없을 때에도 항상 복종하여 두렵고
떨림으로 너희 구원을 이루라" – 빌립보서 2장 12절

예수님을 영접함으로 우리는 구원을 받았지만 '죄의 형벌'에서 해방되었다고 해서 완전한 자유가 된 것은 아니다. 이 세상을 살아가는 동안은 어쩔 수 없이 죄의 세력 아래 있기 때문에 숱한 유혹을 받으며 때로는 넘어질 때도 있기 때문이다. 그렇기 때문에 과거에 이미 구원을 받은 우리지만 현재에도 끊임없이 구원을 이루며 살아가야 한다. 살아온 하루하루를 생각해 보면 무슨 뜻인지 알 수 있다. 분명히 구원받았음에도 우리는 하루에 죄를 짓기도 하고, 죄를 이기기도 하며 살아간다.

여기서 중요한 것은 설령 우리가 죄의 수렁에 잠시 빠졌다는 이유로 '죄의 형벌'에서 받은 구원이 취소되는 것은 아니라는 사실이다. '죄의 형벌'에서의 구원은 주님이 이미 온전히 이루셨다. 현재적 구원은 '죄의 세력'에 지지 않으며 신앙을 지키는 책임이다. 끊임없는 죄와의 투쟁을 통해 우리는 우리의 주인이신 예수 그리스도를 점점 닮아가게 된다. 현재적 구원을 이루는 과정이 '성화'다.

(3) 미래적 의미의 구원

"이뿐 아니라 또한 우리 곧 성령의 처음 익은 열매를 받은 우리까지도 속으로 탄식하여 양자 될것 곧 우리 몸의 구속을 기다리느니라" – 로마서 8장 23절

구원의 진정한 의미를 이해하기 위해서는 구원의 과거적인 의미와 현재적인 의미를 올바로 이해해야 한다. 그런데 많은 그리스도인이 '구원'을 '미래적 의미의 구원'으로만 생각하곤 한다. 미래적 의미의 구원은 '죄의 존재'로부터의 구원이다. '죄의 형벌'에서 구원받은 우리는 '죄의 세력'에서의 구원을 이루어간다. 그 결과 '미래적 의미의 구원'이 찾아오게 된다.

이 땅에서는 어쩔 수 없이 죄 때문에 고민하며 죄와 계속해서 싸워나가지만 장차 다시 오실 주님께서 우리의 구원을 완성하시면 그때부터는 죄가 영원히 존재하지 않는 천국에서 살아가게 된다. 주님이 완성하신 구원으로 인해 우리는 죄도, 걱정도, 근심도 없는 천국에서 주님만을 사모하며 영원한 기쁨을 누릴 수 있다.

'성화의 완성', 혹은 '영화'가 '죄의 존재'로부터의 구원인 '미래적 의미의 구원'이다.

넷째, 구원의 확신

세상 사람들이 기독교에 대해 가장 많이 오해하며 묻는 질문은 아마도 "죄를 마음껏 짓다가도 죽기 전에 믿으면 천국

갑니까?"라는 것일 것이다. 그러나 구원은 단순히 "내가 이제 주님을 믿는다", "난 구원 받았습니다"라고 말한다고 해서 이루어지는 것은 아니다. 구원을 가장 방해하는 요소가 무엇이며 구원은 어떻게 확신할 수 있는지를 살펴보자.

(1) 구원을 어떻게 확신하는가?

막연히 "내가 죽으면 지옥에 가지 않고 구원받을 것이다"라고 믿는 게 아니다. 진정한 구원의 확신은 먼저 ① 복음을 듣고, ② 내가 죄인임을 깨닫고 철저히 회개한 후, ③ 예수 그리스도를 구주와 주님으로 믿고, ④ 하나님께서 죄를 용서하여 주시고, ⑤ 영원한 생명을 주실 것을 믿음으로 이루어진다.

(2) 구원을 확신하지 못하는 이유

교회를 오래 다니고, 구원을 받았다고 생각하지만 그럼에도 "내가 정말 구원을 받은 것이 맞나?"라는 의문을 가지는 그리스도인은 의외로 많다. 왜 복음을 듣고, 주님을 영접했다고 생각하는데도 구원을 확신하지 못할까?

크게 세 가지 이유가 있다.

① 구원을 미래에 일어날 일로 생각하기 때문이다.
구원을 미래적인 측면으로만 생각하는 사람들은 '언젠가 찾아올 구원'을 지금 믿어야 할지 마음을 정하지 못한다. 때

로는 다른 길이 있을 수도 있다고 생각한다. 그러나 구원에는 과거적인 측면과 현재적인 측면이 있기 때문에 적당히 마음대로 살다가 갑자기 "믿습니다!"라고 한다고 구원받을 수는 없다. 구원은 우리가 이룬 신앙 상태나 우리 자신을 확신함으로 이루는 것이 아니라 과거와 현재의 구원을 이루시고 미래의 구원을 이루실 주님을 믿음으로 이루어진다.

② 지금 죄를 지으며 생활하고 있기 때문이다.

복음을 믿지만 그럼에도 예수님을 영접하지 못하는 사람들이 있다. "나 같은 사람이 어떻게 구원받을 자격이 있습니까?"라고 묻는 사람들이다. 구원의 과거적인 측면과 현재적인 측면을 제대로 이해하지 못하기 때문에 이런 안타까운 질문을 던지는 것이다. 누구나 죄인이며 구원을 받았다 해도 여전히 죄와 싸워가야 한다. 우리가 죄인이라 해서 구원을 받을 자격이 없는 것이 아니라, 우리가 죄인이기 때문에 예수님이 구원이란 유일한 생명줄을 우리에게 내려주신 것임을 알아야 한다. 우리가 복음을 받을만한 자격이 없다고 생각된다면 더욱 주님을 의지해야 한다.

③ 구원의 기쁨이 사라졌기 때문이다.

주님을 분명히 영접한 사람들도 때때로 이미 얻은 구원을 의심하곤 한다. 처음 영접했을 때의 뜨거운 감정과 구원의 확신이 점차 사라지며 잡생각들이 끼어들기 때문이다. 그럼에도 우리가 반드시 알아야 할 사실이 있다. 구원은 결코 우리의 감정이나 의심에 좌우되는 것이 아니라는 점이다.

죄를 짓거나, 신앙생활 중 어려움을 겪을 때 구원의 기쁨은 점차 희미해지기 마련이다. 그러나 계속해서 주님의 말씀을 묵상하며 주님이 주시는 기쁨을 사모할 때 의심은 사라지고 신앙은 다시 회복된다. 구원은 하나님이 이루신 하나님의 사역이기 때문이다.

(3) 구원을 확신할 수 있는 근거

구원은 우리의 힘으로 이룰 수 있는 일이 아닌 오직 하나님의 은혜를 믿음으로 받을 수 있는 것이다. 그럼에도 우리에게 구원을 주신 하나님의 말씀과 그 능력을 누리는 우리의 삶으로 우리는 구원을 확증할 수 있다. 성경이 말하고 있는 구원을 확신할 수 있는 세 가지 근거가 무엇인지 살펴보자.

① 하나님의 말씀
"영접하는 자 곧 그 이름을 믿는 자들에게는 하나님의 자녀가 되는 권세를 주셨으니" – 요한복음 1장 12절

구원은 우리의 능력이 아닌 하나님이 이루신 은혜의 결과이다. 우리가 믿을 때 구원받고 하나님의 자녀가 된다고 하나님의 말씀인 성경이 증거하고 있다. 이 말씀을 의지해 주

님을 정말로 영접했다면 우리는 구원을 확신할 수 있다.

② 삶의 변화
"우리가 그의 계명을 지키면 이로써 우리가 저를 아는
줄로 알 것이요 저를 아노라 하고 그의 계명을 지키지
아니하는 자는 거짓말하는 자요 진리가 그 속에 있지 아
니하되" – 요한1서 2장 3,4절

주님을 구주로 믿고 영접한 사람은 주님의 말씀을 따르게
되고, 주님의 말씀에 순종하는 사람은 이전과는 절대로 같은
삶을 살아갈 수 없다. 거듭남으로 변화된 새로운 삶을 살아
가기 때문이다. 형제, 자매에 대한 사랑, 예배를 사모하는 마
음, 바뀐 말투, 복음을 전하는 삶 등…. 선하고 좋은 쪽으로
변화가 일어나고 있다면 우리는 우리가 구원을 받았음을 확
증할 수 있다.

③ 성령의 증거하심
"성령이 친히 우리 영으로 더불어 우리가 하나님의 자
녀인 것을 증거하시나니" – 로마서 8장 16절

성령님은 우리의 연약함을 모두 아시고 우리를 위해 기도
하고 계신다. 연약한 우리의 신앙이 흔들리지 않도록 성령님
은 직접 우리 마음에 오셔서 구원을 확증할 수 있도록 증거

해주신다. 성령 충만을 구하며 살아가는 사람은 어떤 상황에서도 구원을 의심하지 않고 확신할 수 있다.

결론

한 치 앞을 내다볼 수 없는 '불확실성의 시대'를 살아가고 있는 우리에게 변함없는 유일한 생명의 길인 '구원'을 확증하는 것은 그 어떤 일보다 시급하고 중요한 일이다. 구원을 확신하기 위해서는 무엇보다 진정한 그리스도인이 되어야 한다.

그리스도인이 아니면서도 그리스도인이라고 착각하는 사람들이 있는가 하면, 참 그리스도인이면서도 구원을 확신하지 못해 불안해 하는 성도들이 있다. 그리스도인의 정의와 구원이 무엇인지를 올바로 알 때에 우리는 그리스도를 영접한 사람답게 불안해 하지 않고 진정한 구원의 기쁨을 누릴 수 있다.

주님을 개인적으로 영접하고 성령으로 거듭난 사람은 어떤 상황에 처해있든 분명한 그리스도인이다. 반면에 아무리 교회를 잘 다니고 선한 일을 열심히 해도 주님을 영접하지 않고 거듭나지도 않은 사람은 그리스도인이라 불릴 수 없다.

하나님의 구원은 모든 그리스도인에게 '죄의 형벌'로부터 구원하며, '죄의 세력'을 이길 수 있도록 도우신다. 이 구원은 또한 장차 죄의 존재에서 영원히 구해주실 미래적 의미에 대한 구원이기도 하다. 우리는 주님의 말씀을 통해, 변화된 생활을 통해, 또한 성령님을 보내주심으로 우리가 하나님의 자녀라는 사실을 확증하게 된다.

이런 주님의 말씀을 믿고, 우리를 위해 세상에 오신 주님을 믿고, 지금도 역사하시는 성령님을 믿음으로 세상이 아무리 불안해도 구원의 확신을 잃지 말고 주님의 자녀로 세상에서 빛과 같이 살아가야 한다.

2. 성도가 보여야 할 다섯 가지 모범

"그러므로 내가 너희에게 권하노니 너희는 나를 본받는 자 되라 이를 인하여 내가 주 안에서 내 사랑하고 신실한 아들 디모데를 너희에게 보내었노니 저가 너희로 하여금 그리스도 예수 안에서 나의 행사 곧 내가 각처 각 교회에서 가르치는 것을 생각나게 하리라 어떤이들은 내가 너희에게 나아가지 아니할 것 같이 스스로 교만하여졌으나 그러나 주께서 허락하시면 내가 너희에게 속히 나아가서 교만한 자의 말을 알아 볼 것이 아니라 오직 그 능력을 알아 보겠노니 하나님의 나라는 말에 있지 아니하고 오직 능력에 있음이라 너희가 무엇을 원하느냐 내가 매를 가지고 너희에게 나아가랴 사랑과 온유한 마음으로 나아가랴" – 고린도전서 4장 16–21절

서론

"누구든지 네 연소함을 업신여기지 못하게 하고 오직 말과 행실과 사랑과 믿음과 정절에 대하여 믿는 자에게 본이 되어" – 디모데전서 4장 12절

세상에 나오는 모든 물건은 먼저 '설계도'를 따라 만들어진다. 좋은 물건을 만들기 위해서는 당연히 '좋은 설계도'가 있

어야 한다. 도시를 계획하거나 어떤 미래를 꿈꿀 때에도 '청사진'을 먼저 그린다. 무엇을 원하고, 어떻게 만들 것인지 계획이나 준비가 없이는 무엇이든 제대로 이룰 수 없기 때문이다. 그리스도인 역시 마찬가지다. 그리스도인이 따라야 할 '삶의 지침'이자 완벽한 '모본'은 말 그대로 예수 그리스도이시다. 오늘날 세상 사람들은 성경의 진리가 아닌 진리를 믿는 그리스도인의 삶이 잘못되었다고 책망하고 있다. 주님을 본받고 주님의 말씀을 목숨을 걸면서까지 지킨 초대 교회 성도들은 오히려 세상 사람들에게 존경을 받으며 "나를 본 받으라"라고 자신 있게 권고하는 삶을 살았기에 세상 사람들이 복음에 진지하게 관심을 가지고 받아들였으며 그 결과로 만방에 복음이 퍼져가며 폭발적으로 부흥이 일어났다.

바울은 누구보다 예수 믿는 사람들을 핍박하고, 스데반 집사를 죽일 정도로 복음의 반대편에서 활동하는 사람이었지만 다메섹 도상에서 주님을 만난 이후로는 그야말로 오직 예수님만 따르며, 예수님을 위한 삶만을 살았다. 진정한 그리스도인의 모습으로 복음의 중요한 역할을 담당했던 사도 바울은 당시 교회 성도들에게 '다섯 가지 영역'에서 세상의 본이 될 것을 권면했다. 그리스도인이 세상에서 신뢰를 점점 잃어가지 않도록 우리도 이 다섯 가지 권면이 무엇인지 배우고 실천해야 한다.

첫째, 말의 본

"우리가 다 실수가 많으니 만일 말에 실수가 없는 자면 곧 온전한 사람이라 능히 온 몸도 굴레 씌우리라… 혀는 곧 불이요 불의의 세계라 혀는 우리 지체 중에서 온 몸을 더럽히고 생의 바퀴를 불사르나니 그 사르는 것이 지옥불에서 나느니라 여러 종류의 짐승과 새며 벌레와 해물은 다 길들므로 사람에게 길들었거니와 혀는 능히 길들일 사람이 없나니 쉬지 아니하는 악이요 죽이는 독이 가득한 것이라" - 야고보서 3장 2-8절

구약, 신약을 막론하고 성경에는 말의 중요성을 셀 수도 없을 정도로 자주 강조하고 있다. 말을 통해 복음을 전할 수 있고, 말을 통해 사랑을 전할 수 있다. 말로 누군가를 미워할 수 있고, 말로 누군가를 죽일 수도 있다. 말은 어떻게 쓰느냐에 따라 사람을 살리고 영혼을 구원하는 양약이 되지만 또 누군가를 죽이고 복음에서 멀어지게 하는 덫이 되기도 한다. 우리의 말을 통해 하나님이 언제든 전해질 수 있음을 알아야 한다. 이웃에게 덕을 끼치고, 하나님을 영화롭게 하는 말을 하도록 항상 입술과 혀를 살피자.

"너희 말을 항상 은혜 가운데서 소금으로 고루게 함같이 하라 그리하면 각 사람에게 마땅히 대답할 것을 알리

라”– 골로새서 4장 6절

둘째, 행실의 본

> “이와 같이 행함이 없는 믿음은 그 자체가 죽은 것이라 혹이 가로되 너는 믿음이 있고 나는 행함이 있으니 행함이 없는 네 믿음을 내게 보이라 나는 행함으로 내 믿음을 네게 보이리라”– 야고보서 2장 17,18절

말의 본을 보이는 것도 중요하지만 더 중요한 것은 행동이다. 사람들이 오늘날의 그리스도인에게 왜 분노하는가? 말은 너무 잘하지만 행동이 뒤따르지 못하기 때문이다. 성경은 특히 온유한 행실을 강조한다.

먼저 우리는 하나님 앞에서 온유해야 한다.

> “그러므로 너희는 하나님의 택하신 거룩하고 사랑하신 자처럼 긍휼과 자비와 겸손과 온유와 오래 참음을 옷입고”– 골로새서 3장 12절

하나님의 말씀도 온유함으로 받아야 한다.

> “그러므로 모든 더러운 것과 넘치는 악을 내어 버리고 능히 너희 영혼을 구원할바 마음에 심긴 도를 온유함으로 받으라”– 야고보서 1장 21절

가정에서도, 전도할 때도, 모든 권면과 대화를 온유함으로 해야 한다.

"오직 마음에 숨은 사람을 온유하고 안정한 심령의 썩지 아니할 것으로 하라 이는 하나님 앞에 값진 것이니라" – 베드로전서 3장 4절

"너희 마음에 그리스도를 주로 삼아 거룩하게 하고 너희 속에 있는 소망에 관한 이유를 묻는 자에게는 대답할 것을 항상 예비하되 온유와 두려움으로 하고" – 베드로전서 3장 15절

하나님은 온유한 사람에게 다음과 같은 상급을 약속하셨다.

"온유한 자는 복이 있나니 저희가 땅을 기업으로 받을 것임이요" – 마태복음 5장 5절

온유한 사람은 하나님에게나 사람에게나 칭찬을 받으며 어떤 일을 하든 하나님의 일을 세상에 이룬다. 구약에 나오는 아브라함의 종 엘리에셀을 통해 온유한 사람의 삶이 무엇인지 알 수 있다. 온유한 사람은 주님 앞에 경건하며(창 24:12), 주인이 맡긴 사명에 투철하며(창 24:33), 순종함으로 사명을 완수한다(창 24:49).

온유한 마음을 품고 착하게 행동하는 것이 세상에 하나님

을 전하는 가장 효과적이고 빠른 방법이기에 주님은 우리에게 이와 같이 세상에서 행동하라고 권면하셨다.

> "너희는 세상의 소금이니 소금이 만일 그 맛을 잃으면 무엇으로 짜게 하리요 후에는 아무 쓸데 없어 다만 밖에 버리워 사람에게 밟힐 뿐이니라 너희는 세상의 빛이라 산위에 있는 동네가 숨기우지 못할 것이요 사람이 등불을 켜서 말 아래 두지 아니하고 등경 위에 두나니 이러므로 집안 모든 사람에게 비취느니라 이같이 너희 빛을 사람 앞에 비취게 하여 저희로 너희 착한 행실을 보고 하늘에 계신 너희 아버지께 영광을 돌리게 하라"– 마태복음 5장 13–16절

셋째, 사랑의 본

흔히 기독교를 '사랑의 종교'라고 말한다. 이는 단순히 사랑을 중요하게 여긴다는 의미가 아니다. 세상 사람들도 다양한 종류의 사랑을 하지만 그중에 죄로부터 구원받지 못한 인간은 어떤 의미로든 진정한 사랑을 할 수도, 알 수도 없다. 주님의 사랑을 통해서만 완전한 사랑이 무엇인지 알고, 할 수 있기 때문에 기독교가 '사랑의 종교'인 것이다. 사랑의 네 가지 종류를 알아보고 우리가 본을 보여야 할 사랑이 무엇인

지 살펴보자.

(1) 에로스(eros)적인 사랑

에로스는 감정적이며 순간적인 사랑이다. 자기중심적이며 자기 만족적인 사랑으로 가장 세상적인 사랑이다. 세상 사람들이 이성간에 사랑을 한다고 표현할 때의 사랑은 대부분 이 에로스적인 사랑이다. 그러나 에로스적인 사랑은 표면적으로는 아름답고 매혹적으로 보이지만 자기중심적인 사랑이라는 한계점을 벗어나지 못한다.

(2) 필레오(phileo)적인 사랑

형제간의 사랑이나 우정을 이야기한다. 이성이 아니더라도 다윗과 요나단 같이 서로를 죽기까지 사랑하며 아낄 수 있다. 고대 그리스 사람들도 에로스적인 사랑보다는 필레오적인 사랑을 더 높게 쳤다. 하지만 인간의 욕망과 어우러져 결국 동성애로 빠지고 말았다. 이처럼 필레오적인 사랑도 분명한 한계가 있다.

(3) 스토르게(storge)적인 사랑

부모가 자식을 사랑하는데 이유를 묻지 않는 것처럼 부모와 자식간의 자연적인 사랑이 스토르게의 사랑이다. 이 사랑이 없다면 인류는 지속할 수 없으며, 사회도 원활히 돌아갈 수가 없다. 성경도 스토르게의 사랑이 없는 사람을 '무정한 자'라고 말한다(롬 1:31). 하지만 이 역시 온전한 사랑은 아니다. 하나님이 주신 순리를 따라 이 사랑을 흘려보내기보다 이기적으로 이용하거나 외면하는 사람들이 많기 때문이다. 세상은 점점 스토르게의 사랑을 부정하며 자기의 쾌락만을 좇는 방식으로 흘러가고 있다. 이혼율과 같은 다양한 사회지표들이 이를 뒷받침하고 있다.

이 세 가지 종류의 사랑도 분명한 사랑이며, 긍정적으로 소비되어야 하는 필요한 사랑의 모습이다. 그럼에도 이런 사랑은 결코 완전한 사랑이 될 수 없다.

앞에 설명한 세 가지 사랑에는 다음과 같은 한계와 약점이 있기 때문이다.

- 자아의 영역을 넘어서지 못한다.
- 감정의 영역을 넘어서지 못한다.
- 보편적이고 평등하게 주어지지 않는다.
- 사랑을 목적으로 여기지 않고 수단과 방편으로 소비한다.
- 자유가 아닌 속박의 역할을 한다.
- 진리와 정의를 거스를 때도 있다.
- 순간적이며 오래가지 못한다.

(4) 아가페(agape)적인 사랑

아가페적인 사랑은 하나님의 절대적인 사랑으로 가장 완

벽한 사랑이다. 하나님이 근원인 아가페 사랑은 오직 성도에게만 주어지는 은총이다. 조건 없는 희생과 섬김으로 나타나는 아가페 사랑은 감정적이 아닌 의지적인 사랑이다.

> "유월절 전에 예수께서 자기가 세상을 떠나 아버지께로 돌아가실 때가 이른줄 아시고 세상에 있는 자기 사람들을 사랑하시되 끝까지 사랑하시니라" – 요한복음 13장 1절

그리스도인은 하나님을 통해 이 아가페적인 사랑을 경험한 사람들이다. 에로스, 필레오, 스토르게의 사랑 밖에 모르는 세상 사람들의 비어있는 마음은 아가페적인 사랑으로만 채울 수 있다. 따라서 아가페의 사랑을 경험한 그리스도인은 마땅히 성경이 말하는 사랑의 책임을 져야 한다.

① 하나님을 사랑할 책임(눅 10:27 상)
② 이웃을 사랑할 책임(눅 10:27 하)
③ 같은 지체인 그리스도인을 사랑할 책임(요 13:34,35)

다음은 하나님의 사랑인 아가페의 사랑을 경험할 때 찾아오는 일곱 가지 유익이다. 하나님의 사랑에는 이런 놀라운 유익이 있기에 우리는 하나님의 사랑을 힘입어 살아가야 하며, 하나님의 사랑을 모르는 사람들에게 서둘러 전해야 한다.

① 하나님의 자녀가 된다(요일 4:7).
② 영생을 얻는다(요일 3:14).

③ 예수님의 제자가 된다(요 13:35).

④ 천국을 상속받는다(마 25:34).

⑤ 생명의 면류관을 얻는다(약 1:12).

⑥ 기도를 응답받는다(요일 3:22).

⑦ 죄책감에서 자유로워진다(요일 3:20,21).

넷째, 믿음의 본

> "믿음은 바라는 것들의 실상이요 보지 못하는 것들의
> 증거니" – 히브리서 11장 1절

사람들이 세상을 살아가며 방황하는 이유는 무엇을 믿고 살아야 할지 모르기 때문이다. 명확한 진리와 구원의 길이 있음을 우리 그리스도인이 믿음의 본을 통해 세상에 알려야 한다. 성경을 통해 우리는 믿음이 무엇인지를 먼저 명확하게 배워야 한다.

(1) 믿음의 필요성

> "믿음이 없이는 기쁘시게 못하나니 하나님께 나아가는
> 자는 반드시 그가 계신 것과 또한 그가 자기를 찾는 자들
> 에게 상 주시는 이심을 믿어야 할찌니라" – 히브리서 11장 6절

믿음이 없이는 구원을 받을 수도 없고, 하나님을 기쁘시게 할 수도 없다. 믿음은 가지면 좋고 안 가져도 상관없는 문제가 아니라 무조건 가져야 하는 인생에서 가장 필요한 요소다.

(2) 믿음의 종류
성경에는 여러 종류의 믿음이 기록되어 있다.

① 구원에 이르게 하는 믿음
"네가 만일 네 입으로 예수를 주로 시인하며 또 하나님께서 그를 죽은 자 가운데서 살리신 것을 네 마음에 믿으면 구원을 얻으리니 사람이 마음으로 믿어 의에 이르고 입으로 시인하여 구원에 이르느니라"— 로마서 10장 9,10절

하나님을 향한 바른 믿음으로 이 믿음을 가진 사람은 무조건 구원을 받는다.

② 거짓 믿음
"네가 하나님은 한 분이신 줄을 믿느냐 잘하는도다 귀신들도 믿고 떠느니라"— 야고보서 2장 19절

머리로만 아는 믿음, 혹은 잘못된 믿음으로는 구원을 받을 수 없다. 이런 믿음은 오히려 진짜 믿음을 얻는데 방해만

된다.

③ 죽은 믿음
"이와 같이 행함이 없는 믿음은 그 자체가 죽은 것이라 혹이 가로되 너는 믿음이 있고 나는 행함이 있으니 행함이 없는 네 믿음을 내게 보이라 나는 행함으로 내 믿음을 네게 보이리라" - 야고보서 2장 17,18절

행함이 없는 믿음을 성경은 죽음이라고 말한다. 사랑한다고 고백하면서 행동으로는 미워할 수가 있는가? 그렇다면 그 사랑은 거짓이다. 마찬가지로 정말로 하나님을 믿는다면 말씀을 따라 행동할 수밖에 없다.

④ 일시적인 믿음
"바위 위에 있다는 것은 말씀을 들을 때에 기쁨으로 받으나 뿌리가 없어 잠깐 믿다가 시험을 받을 때에 배반하는 자요" - 누가복음 8장 13절

일시적인 믿음은 시련을 견디지 못한다. 하나님이 축복을 주실 때는 죽어도 주님을 떠나지 않을 것 같이 사랑을 고백하다가도 작은 시험에도 금세 세상으로 돌아가는 연약한 믿음은 진짜 믿음이 아니다.

(3) 믿음의 결과

잘못된 믿음은 잘못된 결과를 낳는다. 세상의 법칙을 따라 살 때 죄를 벗어나지 못하고 결국은 사망의 심판을 받게 되고, 주님의 은혜를 따라 살 때 구원을 받고 영생을 선물로 얻는다. 바른 믿음을 통해 우리는 다음과 같은 축복을 누릴 수 있다.

① 죄사함을 통해 구원을 받는다.
"저에 대하여 모든 선지자도 증거하되 저를 믿는 사람들이 다 그 이름을 힘입어 죄 사함을 받는다 하였느니라"– 사도행전 10장 43절

② 하나님의 자녀가 된다.
"영접하는 자 곧 그 이름을 믿는 자들에게는 하나님의 자녀가 되는 권세를 주셨으니"– 요한복음 1장 12절

③ 의롭다 여김을 받는다.
"또 모세의 율법으로 너희가 의롭다 하심을 얻지 못하던 모든 일에도 이 사람을 힘입어 믿는 자마다 의롭다 하심을 얻는 이것이라"– 사도행전 13장 39절

④ 거룩해진다.
"그 눈을 뜨게 하여 어두움에서 빛으로, 사단의 권세에

서 하나님께로 돌아가게 하고 죄 사함과 나를 믿어 거룩
케 된 무리 가운데서 기업을 얻게 하리라 하더이다"- 사도
행전 26장 18절

⑤ 하나님의 보호를 받는다.
"너희가 말세에 나타내기로 예비하신 구원을 얻기 위하
여 믿음으로 말미암아 하나님의 능력으로 보호하심을
입었나니"- 베드로전서 1장 5절

⑥ 하나님의 능력을 체험한다.
"예수께서 이르시되 할 수 있거든이 무슨 말이냐 믿는 자
에게는 능치 못할 일이 없느니라 하시니"- 마가복음 9장 23절

⑦ 안식을 얻는다.
"이미 믿는 우리들은 저 안식에 들어가는도다 그 말씀
하신 바와 같으니 내가 노하여 맹세한 바와 같이 저희가
내 안식에 들어오지 못하리라 하셨다 하였으나 세상을
창조할 때부터 그 일이 이루었느니라"- 히브리서 4장 3절

다섯째, 거룩함의 본

악의 권세 아래 있는 세상은 시간이 흐를수록 거룩함의 의미를 퇴색시키고 있다. 사람들에게 정절의 관념은 점점 희박해지고 자기만족을 위해 어떤 일이든 용인하고자 하는 사회적 분위기가 점점 커져가고 있다. 진리인 성경은 우리에게 거룩한 삶을 살아가라고 분명히 말씀하고 있기에 세상이 점점 문란하고 방탕해질지라도 그리스도인은 진리가 무엇인지 거룩함의 본을 통해 세상을 밝게 비추는 빛의 역할을 감당해야 한다.

아무리 훌륭하고 능력 있는 사람도 거룩하지 않으면 결국은 망하게 된다.

아합왕은 하나님의 말씀을 어기고 이방 여인과 결혼했기 때문에 망했고(왕상 19:1,2), 지혜의 왕 솔로몬도 하나님을 등지고 거룩하지 못함으로 망했다(왕상 11:1-4).

"큰 집에는 금과 은의 그릇이 있을뿐 아니요 나무와 질그릇도 있어 귀히 쓰는 것도 있고 천히 쓰는 것도 있나니 그러므로 누구든지 이런 것에서 자기를 깨끗하게 하면 귀히 쓰는 그릇이 되어 거룩하고 주인의 쓰심에 합당하며 모든 선한 일에 예비함이 되리라" - 디모데후서 2장 20,21절

하나님은 능력 있는 사람이 아닌 깨끗한 사람을 사용하신

다. 더러운 금그릇은 사용할 수 없지만 깨끗한 질그릇은 사용할 수 있다. 거룩한 사람은 우리의 몸과 영혼을 주님이 사용하실 수 있게 깨끗하게 유지하는 사람이다. 거룩함을 통해 하나님께 쓰임 받을 때 세상에 하나님의 살아계심과 능력을 보일 수 있다.

결론

오늘날 세상에 필요한 것은 옳은 말이 아닌 옳은 행동이다. 사람들은 우리의 말보다는 우리의 행동을 바라본다. 아니, 지켜본다. 매스미디어를 통해 모든 대소사가 세상에 빠르게 퍼져나가는 이 시대에 우리는 더욱 더 철저히 말씀을 따라 세상의 본을 보여야 한다.

그러기 위해서는 가장 완전한 본이신 예수 그리스도의 삶을 통해 배워야 한다. 바울 역시 누구보다 철저히 예수님을 따라 살아가는 사람이었기에 성도들에게 "나를 본받으라"라고 자신 있게 권면할 수 있었다.

우리도 예수님처럼, 바울처럼 철저히 주님의 말씀을 따라 생활해야 한다. 말과 행실과 사랑과 믿음과 정절에 있어서 세상에 본이 되는 삶을 살아갈 때 세상은 우리를 통해 진리의 하나님을 만나고 영접하게 될 것이다.

3. 오병이어의 네 가지 교훈

"날이 저물어가매 열 두 사도가 나아와 여짜오되 무리를 보내어 두루 마을과 촌으로 가서 유하며 먹을 것을 얻게 하소서 우리 있는 여기가 빈 들이니이다 예수께서 이르시되 너희가 먹을 것을 주어라 하시니 여짜오되 우리에게 떡 다섯 개와 물고기 두 마리 밖에 없으니 이 모든 사람을 위하여 먹을 것을 사지 아니하고는 할수 없삽나이다 하였으니 이는 남자가 한 오천 명됨이러라 제자들에게 이르시되 떼를 지어 한 오십명씩 앉히라 하시니 제자들이 이렇게 하여 다 앉힌 후 예수께서 떡 다섯 개와 물고기 두 마리를 가지사 하늘을 우러러 축사하시고 떼어 제자들에게 주어 무리 앞에 놓게 하시니 먹고 다 배불렀더라 그 남은 조각 열 두 바구니를 거두니라" – 누가복음 9장 12–17절

서론

기독교는 기적의 종교다. 성경을 믿는 사람은 자연스레 성경 안에 나오는 수많은 기적들이 진실이라고 믿는다. 기적이란 낮은 차원의 법칙이 보다 높은 차원의 법칙에 의해 지배당하는 걸 뜻한다. 성경에 나온 기적들은 하나님의 보다 높은 법칙이 지상의 법칙을 지배하기 때문에 일어난 일들이다.

성경에는 상식적으로는 믿기 힘든 여러 가지 법칙들이 나온다. 태양이 멈추는가 하면 나귀가 말을 할 때도 있고, 물에 빠진 도끼가 다시 떠오르기도 한다. 기적이 왜 일어나는가를 이해한다면 충분히 믿을 수 있는 이야기지만 합리적인 사고방식에 갇혀 있는 현대인은 기적을 쉽게 믿지 않고, 또 성경에 나오는 기적 때문에 기독교를 믿지 않는다.

본문에 기록된 오병이어의 기적도 성경에 나오는 대표적인 기적 중에 하나이다. 예수님이 성경에서 기적을 일으키셨을 때는 반드시 합당한 목적이 있었다. 예수님은 말씀을 들으러 모인 백성들이 지친 것을 마음 아프게 여기사 권능을 보이셨다. 보리떡 다섯 개와 물고기 두 마리로 오천 명을 먹이신 예수님은 이를 통해 복음을 전하려 하셨지만 세상의 법칙에 눈과 마음이 사로잡힌 세상 사람들은 오히려 자신들의 의식주 문제 해결을 위해 예수님을 왕으로 섬기려 했다. 예수님이 오병이어의 기적을 통해 우리에게 주신 네 가지 올바른 교훈이 무엇인지 배워보자.

첫째, 자비의 교훈

"주여 인자함도 주께 속하였사오니 주께서 각 사람이 행한 대로 갚으심이니이다" – 시편 62편 12절

상대방이 아무런 잘못도 없고, 어려움에 처해있지도 않는데 자비를 베풀 수는 없다. 죄가 있는 사람에게 자비가 필요하며, 가진 것이 없어 헐벗은 사람에게 자비가 필요하다. 주님은 자비의 주님이시기에 오병이어의 기적을 베푸셨다.

복음서에 나오는 예수님은 약하고 병든 사람들을 보셨을 때마다 불쌍히 여기사 은혜를 베풀어주셨다. 오병이어의 기적을 베푸신 이유도 며칠 동안 굶주린 많은 사람들을 보시고 불쌍히 여기셨기 때문이다. 예수님은 능력을 보이심으로 왕이 되거나 섬김을 받으려고 한 것이 아니라 다만 모인 사람들을 향한 자비의 마음을 베푸신 것이다. 구약의 하나님도 가난한 자와 약한 자, 절망에 빠진 자들을 언제나 위하셨다 (사 55:1,2). 하나님의 속성 그대로이신 예수님도 이런 마음으로 오병이어의 기적을 행하셨다. 우리는 오병이어의 기적을 통해 주님의 능력이 아닌 주님이 품으신 자비의 교훈을 배워야 한다.

"네 의견에는 이 세 사람 중에 누가 강도 만난 자의 이웃이 되겠느냐 가로되 자비를 베푼 자니이다 예수께서 이르시되 가서 너도 이와 같이 하라 하시니라" – 누가복음 10장 36,37절

둘째, 순종의 교훈

"나의 계명을 가지고 지키는 자라야 나를 사랑하는 자니 나를 사랑하는 자는 내 아버지께 사랑을 받을 것이요 나도 그를 사랑하여 그에게 나를 나타내리라" – 요한복음 14장 21절

순종은 우리를 하나님의 통치 아래 맡김으로 하나님의 말씀을 기꺼이 이행하는 것이다. 순종은 하나님이 아닌 우리를 위한 것이다. 순종할 때 하나님의 사랑을 느낄 수 있으며 주님이 우리와 함께 하심을 깨달을 수 있다. 말씀에 순종하는 것이 지혜이며 만사가 형통해지는 인생의 열쇠이다. 성경에 나오는 형통한 사람, 축복받은 사람들은 하나같이 순종하는 사람들이었다.

어려운 상황 가운데 주님의 말씀을 따르는 것이 순종이다. 노아는 모든 사람이 타락한 상황에서도 하나님을 경외했고, 베드로는 밤이 새도록 고기를 잡지 못했지만 순종함으로 많은 고기를 낚았다. 가나안 잔치의 종은 술독의 물을 퍼다 관원장에게 가져다주었고 물이 포도주가 되는 놀라운 기적을 맛봤다. 오병이어의 기적에는 물고기 두 마리와 보리떡 다섯 개를 주님께 가지고 온 어린아이의 순종, 고작 다섯 개의 떡과 두 마리의 물고기가 있는 것을 알면서도 사람들에게 나

누어준 제자들의 순종이 있었다. 이와 같이 어려운 가운데에서도 하나님의 말씀에 순종할 때 주님은 우리가 생각할 수도 없는 놀라운 축복을 우리의 삶에 베풀어 주신다.

> "사무엘이 가로되 여호와께서 번제와 다른 제사를 그 목소리 순종하는 것을 좋아하심 같이 좋아하시겠나이까 순종이 제사보다 낫고 듣는것이 수양의 기름보다 나으니 이는 거역하는 것은 사술의 죄와 같고 완고한 것은 사신 우상에게 절하는 죄와 같음이라 왕이 여호와의 말씀을 버렸으므로 여호와께서도 왕을 버려 왕이 되지 못하게 하셨나이다" – 사무엘상 15장 22,23절

셋째, 절제의 교훈

> "먹고 다 배불렀더라 그 남은 조각 열 두 바구니를 거두니라" – 누가복음 9장 17절

세상에는 아직도 헐벗고 굶주린 사람들이 많다. 그들을 돕기 위해서라도 그리스도인은 절제하는 삶으로 남을 도울 힘을 모아야 한다. 주님은 오병이어의 기적으로 오천 명을 먹이시고 남은 12광주리를 거두어 놓으라고 말씀하셨다. 주님은 얼마든지 이와 같은 이적을 다시 행하실 수 있었지만 남

은 광주리를 쓸데없이 버리지 않으셨다. 풍요의 시대를 살고 있는 오늘날의 그리스도인이 배워야 할 중요한 교훈이다.

시간, 음식, 돈 등 하나님이 주신 모든 은혜를 조금씩 절제하며 하나님을 위해, 복음을 위해 다시 사용해야 한다. 초대교회로부터 '절제'는 그리스도의 중요한 미덕이었다.

미국 아이비리그의 명문 프린스턴 대학의 어드만 박사는 교수로 바쁜 삶을 보내면서도 하루 중 반드시 시간을 내어 매년 두 권씩 신약에 대한 주석을 썼다. 모든 그리스도인은 되도록 사치와 낭비를 멀리하고 모든 것에 절제하며 주변의 어려운 이웃들을 돕고, 선교를 위해 사용해야 한다.

"그러므로 각처에서 남자들이 분노와 다툼이 없이 거룩한 손을 들어 기도하기를 원하노라 또 이와 같이 여자들도 아담한 옷을 입으며 염치와 정절로 자기를 단장하고 땋은 머리와 금이나 진주나 값진 옷으로 하지 말고 오직 선행으로 하기를 원하라 이것이 하나님을 공경한다 하는 자들에게 마땅한 것이니라 여자는 일절 순종함으로 종용히 배우라 여자의 가르치는 것과 남자를 주관하는 것을 허락지 아니하노니 오직 종용할찌니라" – 디모데전서 2장 8-12절

넷째, 질서의 교훈

"이는 남자가 한 오천 명됨이러라 제자들에게 이르시되
떼를 지어 한 오십명씩 앉히라 하시니" - 누가복음 9장 14절

세상은 하나님이 이루신 질서로 이루어져 있다. 질서의 하
나님은 세상 모든 것들을 각자의 쓰임에 맞게 창조하셨고,
역할을 부여하셨다. 출애굽 때도 하나님은 질서를 지키라고
명하셨고(출 13:18), 요단 강을 건널 때에도 질서를 지키라고
명하셨다(수 1:14). 오병이어의 기적은 한두 명이 아닌 오천 명
을 먹인 놀라운 기적이다. 이 기적으로 인해 생긴 떡과 고기
는 질서가 이루어짐으로 모든 사람에게 공정하게 돌아갈 수
있었다.

성경에 나오는 하나님의 질서를 지킬 때 하나님의 능력을
더 확실하게 체험할 수 있다.

"또 너희에게 명한것 같이 종용하여 자기 일을 하고 너
희 손으로 일하기를 힘쓰라" - 데살로니가전서 4장 11절

결론

성경에는 여러 가지 기적이 기록되어 있으며 그중에서도 오병이어는 가장 유명한 기적 중 하나이다. 세상 사람들은 성경의 많은 기적 때문에 복음을 믿기 어려워하지만 기적에는 분명한 원리가 있다. 기적은 '하나님의 법칙'이 '세상의 법칙'보다 위일 때 일어난다. 예수님이 행하신 모든 기적은 예수님이 구원 사역을 완성하시고 복음을 전하기 위해서라는 뚜렷한 목적이 있었다.

예수님이 일으키신 기적 중에 가장 잘 알려진 오병이어의 기적을 통해 우리는 다음의 네 가지 교훈을 배워야 한다.

첫째, 자비의 교훈이다.
주님이 지친 사람들을 보시고 자비의 마음을 품으셨던 것 같이 우리도 주변의 어려운 사람들을 향해 자비의 마음을 품어야 한다.

둘째, 순종의 교훈이다.
어린아이와 제자들의 순종으로 오병이어의 기적이 일어날 수 있었다. 우리도 주님께 순종함으로 세상에서 말씀을 신뢰하며 하나님의 크신 능력을 체험해야 한다.

셋째, 절제의 교훈이다.

주님께서 먹고 남은 조각들을 거두어 가셨듯이 범사에 절제함으로 하나님이 주신 것을 하나도 허투루 낭비하지 않고 이웃을 사랑하는 삶을 위해 사용해야 한다.

넷째, 질서의 교훈이다.

하나님은 모든 일을 질서 있게 처리하신다. 말씀을 통해 하나님의 질서의 원리를 배우고 모든 일을 질서에 따라 처리해야 한다.

4. 계시록에 나오는
일곱 가지 축복의 조건

"예수 그리스도의 계시라 이는 하나님이 그에게 주사 반드시 속히 될 일을 그 종들에게 보이시려고 그 천사를 그 종 요한에게 보내어 지시하신 것이라 요한은 하나님의 말씀과 예수 그리스도의 증거 곧 자기의 본 것을 다 증거하였느니라 이 예언의 말씀을 읽는 자와 듣는 자들과 그 가운데 기록한 것을 지키는 자들이 복이 있나니 때가 가까움이라" – 요한계시록 1장 1~3절

서론

복은 한국 교회에서 가장 잘못 이해하고 받아들여져 지금까지도 오해를 받고 있는 개념이다.

성경에서 말하는 복을 동양의 샤머니즘적인 사상으로 잘못 이해하는 사람들이 많으며, 오로지 복을 받기 위해 교회를 다니는 기복 신앙을 믿는 성도들도 많다. 최근에는 성경이 말하는 복을 잘못 이해해 교회를 다니면 무조건 남들보다 더 잘 살아야 한다는 '번영 신학'까지 세계적으로 큰 유행을 타고 있다. 모두 성경이 가르치는 진정한 복이 무엇인지 제대로 알고 있지 못하기 때문에 일어나는 현상이다.

많은 성도들이 '복'을 신앙생활에서 중요한 요소로 생각하고 있다. 올바른 신앙생활을 위해서 우리는 먼저 성경이 가르치는 복이 무엇인지 명확하게 배우고 내가 바라는 복이 아닌 성경이 말하는 복을 바르게 구해야 한다.

첫째, 사람이 생각하는 복

동양에서 말하는 복은 다분히 인간 중심적이며 현세적이다. 세상에서 잘 살기 위한 복, 지금의 힘든 상황을 벗어나기 위한 복, 우리가 생각하는 복은 인간의 희망적인 기대에만 초점이 맞춰져 있다. 이 땅에서 오래 살고, 돈 많이 벌고, 자자손손 행복하게 사는 삶이 인간이 누릴 수 있는 최대한의 복이라고 대부분의 사람들은 생각한다.

그리스도인 중에도 이런 개념을 복이라고 생각하는 사람들이 많다. 하나님만 믿으면 모든 일이 잘 되어 만사형통하며 큰 부자가 된다고 생각하며 헌금도 복을 받기 위한 방법으로 생각한다.

초대 성도들은 복음을 위해 고난을 받고 누구보다 힘든 삶을 살았음에도 현시대의 그리스도인은 고통이나 어려운 일은 주님의 뜻이 아니며 구원받는 즉시 우리 삶에 행복한 일만 일어나야 한다고 생각한다. 이는 복음을 믿고 구원을 받았다고 하지만 성경이 말하는 복이 무엇인지 모르기 때문에 성경의 내용을 세상적인 복의 개념을 가지고 해석하기 때문이다.

둘째, 성경이 말하는 복

성경 원문을 살펴보면 '마카리오스(makarios)'라는 단어가 가장 많이 사용됐다.

마카리오스에는 다음의 네 가지 뜻이 있다.

1. 하나님의 존재나 속성

2. 하나님께 바친다.

3. 다른 사람의 삶에 기여

4. 사막의 오아시스

복의 원천은 하나님께 있으며 받는 것보다는 주고, 나누는 것이 성경이 말하는 복이다. 무병장수하고 많은 돈을 벌어도 성경이 말하는 대로 살아가지 않으면 진정한 의미의 '복'이 되지 않는다. 구약과 신약에 복이 어떤 형태로 드러났는지 말씀을 통해 살펴보자.

셋째, 구약에 나오는 복

구약이 말하는 복은 다음과 같다.

① 생육, 번성, 충만

"하나님이 그들에게 복을 주시며 그들에게 이르시되 생
육하고 번성하여 땅에 충만하라, 땅을 정복하라, 바다
의 고기와 공중의 새와 땅에 움직이는 모든 생물을 다스
리라 하시니라" – 창세기 1장 28절

② 이름이 창대케 되는 것

"내가 너로 큰 민족을 이루고 네게 복을 주어 네 이름을
창대케 하리니 너는 복의 근원이 될찌라 너를 축복하는
자에게는 내가 복을 내리고 너를 저주하는 자에게는 내
가 저주하리니 땅의 모든 족속이 너를 인하여 복을 얻을
것이니라 하신지라" – 창세기 12장 2, 3절

③ 융성한 산업

"내가 명하여 제 육년에 내 복을 너희에게 내려 그 소출
이 삼년 쓰기에 족하게 할찌라" – 레위기 25장 21절

④ 부

"여호와께서 복을 주시므로 사람으로 부하게 하시고 근
심을 겸하여 주지 아니하시느니라" – 잠언 10장 22절

⑤ 장수

"너는 너의 하나님 여호와의 명한대로 네 부모를 공경하라 그리하면 너의 하나님 여호와가 네게 준 땅에서 네가 생명이 길고 복을 누리리라"– 신명기 5장 16절

⑥ 후손의 번성

"오늘 내가 네게 명하는 여호와의 규례와 명령을 지키라 너와 네 후손이 복을 받아 네 하나님 여호와께서 네게 주시는 땅에서 한 없이 오래 살리라"– 신명기 4장 40절

⑦ 만사형통

"아브라함이 나이 많아 늙었고 여호와께서 그의 범사에 복을 주셨더라"– 창세기 24장 1절

구약에서 하나님의 큰 복을 받은 사람들에게는 다음과 같은 공통점이 있었다.

① 하나님 나라의 백성, 하나님의 택하심을 받은 사람
(시 33:12)

② 하나님을 경외하는 사람, 계명을 즐거워하는 사람
(시 112:1)

③ 하나님의 집에 거하는 사람, 공의를 지키는 사람
(시 84:4, 시 106:3)

④ 하나님을 의지하는 사람(시 2:12)

⑤ 죄사함을 받은 사람(시 32:1,2)

⑥ 빈약한 자를 돌보는 사람(시 41:1)

⑦ 의인의 후손(잠 20:7)

넷째, 신약에 나오는 복

구약에 나온 복은 근원이 하나님이라는 점만 제외하면 세상의 복과 비슷한 개념으로 느껴질 수도 있다. 시간이 흘러 하나님의 역사가 진행되고 예수 그리스도께서 이 땅에 오신 뒤로 성경이 말하는 복의 개념도 바뀌었다. 예수님의 구속 사역을 통해 온전한 구원의 길이 열렸기 때문이다.

신약에서의 복의 개념을 가장 잘 설명해주는 것이 바로 산상수훈의 팔복이다.

"심령이 가난한 자는 복이 있나니 천국이 저희 것임이요 애통하는 자는 복이 있나니 저희가 위로를 받을 것임이요 온유한 자는 복이 있나니 저희가 땅을 기업으로 받을 것임이요 의에 주리고 목마른 자는 복이 있나니 저희가 배부를 것임이요 긍휼히 여기는 자는 복이 있나니 저희가 긍휼히 여김을 받을 것임이요 마음이 청결한 자는 복이 있나니 저희가 하나님을 볼 것임이요 화평케 하는 자는 복이 있나니 저희가 하나님의 아들이라 일컬음을

받을 것임이요 의를 위하여 핍박을 받은 자는 복이 있나
니 천국이 저희 것임이라" – 마태복음 5장 3–10절

팔복은 더 이상 물질적이 아니라 인격적이며, 현세적이 아
니라 영적인 복이다. 하나님과 바른 관계를 맺고 인격적으로
성숙한 사람이 하나님께 복을 받는데, 그 복 또한 물질적인
것이 아닌 영적인 축복이다. 팔복 이외에도 예수님이 말씀하
신 '복'은 구약에 나오는 복과는 분명히 다르다.

신약이 말하는 복을 받는 사람의 특징은 다음과 같다.

① 하나님을 믿는 사람(갈 3:9)

② 예수님의 말씀을 듣고, 능력을 믿는 사람(마 11:6, 눅 10:23)

③ 예수님의 말씀을 듣고 지키는 사람(눅 11:28)

④ 시험을 참는 사람(약 5:11)

신약에서 말하는 복은 하나님과 직접 관련된 영적인 축복
이 대부분이다. 물론 여전히 물질이나, 장수, 부귀와 같은 복
도 주시지만 이런 것들은 부차적인 것으로 구원과 신앙에 중
요한 영향을 미치지 않는다.

다섯째, 계시록에 나오는 일곱 가지 축복의 조건

말세의 때에는 극심한 환난이 찾아오기 때문에 우리의 신

앙과 믿음을 지키기가 점점 힘들어진다. 그럼에도 끝까지 견디는 사람을 주님은 구원하시며, 축복하시겠다고 약속하셨다. 다음은 계시록에 나오는 '복 받는 사람의 일곱 가지 조건'이다.

(1) 예언의 말씀을 읽는 자와 듣는 자

"이 예언의 말씀을 읽는 자와 듣는 자들과 그 가운데 기록한 것을 지키는 자들이 복이 있나니 때가 가까움이라"
– 요한계시록 1장 3절

말씀을 읽는 사람, 말씀을 듣는 사람, 말씀을 지켜 행하는 사람에게는 하나님이 복을 주신다.

(2) 주 안에서 죽은 사람

"또 내가 들으니 하늘에서 음성이 나서 가로되 기록하라 지금 이후로 주 안에서 죽는 자들은 복이 있도다 하시매 성령이 가라사대 그러하다 저희 수고를 그치고 쉬리니 이는 저희의 행한 일이 따름이라 하시더라"– 요한계시록 14장 13절

성경에는 자기를 높이다가 죽은 수많은 사람이 나온다. 한때 세상의 권력자였던 하만, 이세벨 등은 더 높은 자리에 올라가려다가 결국 처참한 최후를 맞이했다. 예수님의 제자였

던 가룟 유다도 믿음을 지키지 못하고 비참하게 자살했다. 그러나 주님을 위해 목숨까지도 포기했던 사람들인 모세, 엘리야, 다니엘, 베드로 등은 위기에서 하나님의 기적을 목도하고 하나님의 품으로 돌아갔다.

(3) 믿음의 옷을 지키는 사람

"보라 내가 도적 같이 오리니 누구든지 깨어 자기 옷을 지켜 벌거벗고 다니지 아니하며 자기의 부끄러움을 보이지 아니하는 자가 복이 있도다"– 요한계시록 16장 15절

항상 깨어 기도하지 않는 사람은 복을 받지 못한다. 성경에는 성도가 입어야 할 일곱 가지 옷이 나오는데, 그 옷을 입을 때 끝까지 믿음을 지키며 하나님이 주시는 복을 받는다.

① 속죄의 옷(롬 13:14)
② 새 생명의 옷(엡 4:24, 골 3:10)
③ 제자의 옷(시 132:9)
④ 권능의 옷(눅 24:49)
⑤ 덕의 옷(골 3:12)
⑥ 사랑의 옷(골 3:14)
⑦ 전신갑주의 옷(엡 6:13)

(4) 혼인 잔치에 초청받은 사람

"천사가 내게 말하기를 기록하라 어린 양의 혼인 잔치

에 청함을 입은 자들이 복이 있도다 하고 또 내게 말하되 이것은 하나님의 참되신 말씀이라 하기로"- 요한계시록 19장 9절

예수님을 통해 구원받은 우리는 하나님의 자녀가 되는 축복을 받았다. 믿음을 지키며 하나님의 자녀로 살아가는 사람은 어린 양의 혼인 잔치에 초청을 받는다. 그러나 구원의 증표가 없는 사람은 이 잔치에 들어올 수 없다.

(5) 첫째 부활에 참여하는 사람

"이 첫째 부활에 참예하는 자들은 복이 있고 거룩하도다 둘째 사망이 그들을 다스리는 권세가 없고 도리어 그들이 하나님과 그리스도의 제사장이 되어 천년 동안 그리스도로 더불어 왕노릇 하리라"- 요한계시록 20장 6절

주님이 재림하실 그날, 살아있는 사람은 영화롭게 되며, 죽은 성도들은 무덤에서 부활함으로 혼인 잔치에 참여한다. 이 부활을 경험하는 사람은 둘째 사망을 경험하지 않으며 제사장이 되어 천년 동안 주님과 더불어 왕 노릇하는 기쁨을 누린다.

(6) 예언의 말씀을 지키는 사람

"보라 내가 속히 오리니 이 책의 예언의 말씀을 지키는

자가 복이 있으리라 하더라" – 요한계시록 22장 7절

어떤 사람들은 "예수님이 이 땅에 오신지 벌써 2천 년이 지났는데 아직도 마지막 때가 오지 않았으니 말씀을 지키지 말고 쾌락을 좇아 살자"라고 주장한다. 마치 노아의 때, 비가 올리 없으니 먹고 즐기자던 사람들의 주장과 마찬가지다. 말세의 때가 아니라도 우리는 경건한 삶으로 주님의 말씀을 따라 살며 복음을 전하기에 더 힘써야 한다.

(7) 두루마기를 청결하게 관리하는 사람

"그 두루마기를 빠는 자들은 복이 있으니 이는 저희가 생명 나무에 나아가며 문들을 통하여 성에 들어갈 권세를 얻으려 함이로다" – 요한계시록 22장 14절

주님이 주신 두루마기를 입은 성도들은 주님의 보혈로 거룩한 삶을 살아야 한다. 보혈로 정결케하심을 입은 성도들은 생명나무에 나갈 자격과 천성에 들어갈 권세를 얻는다.

"내가 가로되 내 주여 당신이 알리이다 하니 그가 나더러 이르되 이는 큰 환난에서 나오는 자들인데 어린양의 피에 그 옷을 씻어 희게 하였느니라" – 요한계시록 7장 14절

결론

세상의 모든 사람들이 복을 받고 싶어 한다. 성경에서 말하는 복은 우리가 생각하는 것처럼 막연하고, 현실적인 복이 아니다. 참된 복은 주님을 믿고 하나님과 바른 관계를 유지하며 살아가는 것으로 정의할 수 있다. 우리는 세상에서 알던 복, 구약의 복이 아닌, 예수님이 말씀하신 진정한 복이 무엇인지를 배워 알고, 구해야 한다.

계시록에는 이런 복을 받는 사람들의 일곱 가지 조건이 나온다.

"인내함으로 주의 말씀을 행함으로 끝까지 자기 신앙을 지키는 사람에게 하나님은 큰 복을 주신다"라고 요약할 수 있다.

말세의 때에 하나님을 향한 믿음을 지켜가며 진정한 복을 풍성히 누리기 위해 진리의 말씀을 계속 배워나가자.

5. 실패하지 않으려면

"형제 사랑하기를 계속하고 손님 대접하기를 잊지 말라 이로써 부지중에 천사들을 대접한 이들이 있었느니라 자기도 함께 갇힌것 같이 갇힌 자를 생각하고 자기도 몸을 가졌은즉 학대 받는 자를 생각하라 모든 사람은 혼인을 귀히 여기고 침소를 더럽히지 않게 하라 음행하는 자들과 간음하는 자들을 하나님이 심판하시리라 돈을 사랑치 말고 있는 바를 족한 줄로 알라 그가 친히 말씀하시기를 내가 과연 너희를 버리지 아니하고 과연 너희를 떠나지 아니하리라 하셨느니라" – 히브리서 13장 1–5절

서론

사람들은 모든 일을 성공과 실패라는 기준으로 나눈다.

실패를 좋아하는 사람은 한 명도 없으며 대부분은 성공을 바라고 꿈꾸며 살아간다. 그리스도인도 마찬가지다. 그러나 성공과 실패는 분명하게 정의할 수 없는 것이다. 한동안 사회를 휩쓸었던 성공학 열풍이 얼마나 많은 부작용을 낳았는지 어떤 사회학자는 "성공한 사람의 인생은 포장되어 평범한 사람의 인생을 망친다"라는 말까지 했다.

에디슨과 아인슈타인은 같은 과학자임에도 성공에 대한

생각은 서로 달랐다. 에디슨은 '노력과 끈기, 바른 판단이 성공의 비결'이라고 말했고 아인슈타인은 '일과 휴식, 침묵'이라고 이야기했다.

우리의 생각은 어떤가?
에디슨의 비결이 맞다고 생각하는가?
아인슈타인의 비결이 맞다고 생각하는가?
두 사람 다 틀렸는가?
두 사람의 비결이 다 맞는가?
열 사람이 있다면 열 사람 모두 성공의 비결을 다르게 말할 것이다. 그렇기에 그리스도인은 백화점 왕 워너메이커의 겸손한 고백에 귀를 기울여야 한다.
"우리는 성공의 비결도 방법도 알 필요가 없다. 성공의 비결은 따로 있는 것이 아니라 작은 일에도 전력을 다하는 사람에게 일어나는 일이기 때문이다."

그리스도인의 성공의 비결은 세상과 다르다.
돈을 많이 벌었다고, 높은 지위에 올랐다고 성공이 아니다. 나이팅게일의 말처럼 사람을 위하지 않고 하나님을 위한 일을 포기하지 않고 하는 모든 일이 성공이다.

『월마트의 창업자 샘 월튼이 병원에서 임종을 기다리고 있을 때였다. 유언을 기다리는 가족들 앞에서 샘은 오히려 자신의 인생이 실패했다고 고백했다. 미국에서 열 손가락 안에 드는 부자가 자신의 삶을 실패로 평가한 이유는 가족들 때문이었다. 가장 사랑하는 가족들과 떠올릴만한 추억이 하나도 없었고, 심지어 몇몇 조카와 사촌은 이름조차 몰랐다. 돈이 성공의 척도라면 샘은 그 누구보다도 성공한 사람이었지만 임종을 앞두고 돌아본 그의 인생은 오히려 실패에 가까웠다.』

성공의 기준이 무엇인지 모를 때 그리스도인 역시 헛된 것에 힘을 빼다가 실패한 인생을 살아가게 된다.

실패한 인생이 무엇이며 실패를 예방하기 위해서 어떻게 해야 하는지 살펴보자.

첫째, 실패의 원인

그리스도인은 죄의 문제를 해결하고 영생의 은총을 입은 성공한 사람들이다. 그러나 하나님의 부르심을 받는 그날까지 끝까지 믿음을 지켜야 성공이다. 세상에는 악한 마귀의 간교와 수많은 유혹들이 존재하기 때문이다. 그리스도인을 실패하게 만드는 원인들은 다음과 같다.

(1) 하나님을 잊을 때 실패한다.

"여호와께서 이스라엘 족속에게 이르시기를 너희는 나

를 찾으라 그리하면 살리라"– 아모스 5장 4절

우리를 구원해 주신 분은 하나님이시다. 나를 위해 이 땅
에 오신 분은 예수님이시다. 그분의 사랑과 우리에게 주신
책무를 잊을 때 그리스도인은 실패한 삶을 살게 된다. 말씀
도 잊고, 기도도 잊고, 전도와 봉사도 잊고 세상을 사랑하는
그리스도인은 실패하게 된다.

(2) 자기 뜻을 고집할 때 실패한다.

"다만 네 고집과 회개치 아니한 마음을 따라 진노의 날
곧 하나님의 의로우신 판단이 나타나는 그 날에 임할 진
노를 네게 쌓는도다"– 로마서 2장 5절

그리스도인은 자기의 모든 것을 주님께 드림으로 주님의
말씀과 뜻을 따라 살아가겠다고 약속한 사람들이다. 주님의
보혈로 구원을 받고 영생을 누리기를 원하면서 주님의 뜻을
무시하고 자기 뜻대로 살아가는 사람은 망할 수밖에 없다.
기름부음을 받은 사울 왕도 주님의 뜻을 무시하고 자기 뜻을
고집하다 결국 비참한 최후를 맞았다.

(3) 사람을 두려워할 때 실패한다.

"사울이 사무엘에게 이르되 내가 범죄하였나이다 내가
여호와의 명령과 당신의 말씀을 어긴 것은 내가 백성을

두려워하여 그 말을 청종하였음이니이다"– 사무엘상 15장 24절

베드로와 요한은 부활하신 주님을 만나고 거듭난 뒤로
는 사람을 두려워하지 않고 오직 주님의 뜻대로 살아갔다(행
4:19). 왕 앞에서 두려움 없이 하나님의 뜻을 전했던 선지자
나단처럼 우리도 세상에서 사람을 두려워말고 하나님의 뜻
을 행해야 한다(삼하 12:7–12).

(4) 세상을 사랑할 때 실패한다.

"이 세상이나 세상에 있는 것들을 사랑치 말라 누구든
지 세상을 사랑하면 아버지의 사랑이 그 속에 있지 아니
하니 이는 세상에 있는 모든 것이 육신의 정욕과 안목의
정욕과 이생의 자랑이니 다 아버지께로 좇아 온 것이 아
니요 세상으로 좇아 온 것이라"– 요한1서 2:15,16

그리스도인은 주님과 한 몸으로 연합한 사람이다. 성경은
이를 포도나무와 가지, 신랑과 신부로 표현했다. 세상과 주
님은 서로 양립할 수 없기에 세상을 사랑하는 사람은 주님과
더 이상 연합할 수 없다. 구원은 생명이며, 세상은 죽음이기
때문에 주님 대신 세상을 택한 사람의 인생은 결국 실패로
귀결된다.

(5) 순종하지 않을 때 실패한다.

"하나님을 모르는 자들과 우리 주 예수의 복음을 복종치 않는 자들에게 형벌을 주시리니 이런 자들이 주의 얼굴과 그의 힘의 영광을 떠나 영원한 멸망의 형벌을 받으리로다" – 데살로니가후서 1장 8,9절

천국에 들어가는 그날까지 우리는 불완전한 존재일 수밖에 없다. 그럼에도 주님의 말씀을 따라 순종함으로 하나님께 기쁨과 영광이 되기 위해 노력해야 한다. 말씀을 지키지 않으며 이기적이고 편의만을 추구하는 신앙생활의 그리스도인의 삶은 결국 실패나 다름없다.

(6) 교만할 때 실패한다.

"그러나 더욱 큰 은혜를 주시나니 그러므로 일렀으되 하나님이 교만한 자를 물리치시고 겸손한 자에게 은혜를 주신다 하였느니라" – 야고보서 4장 6절

이스라엘 백성들이 광야에서 40년을 보낸 이유는 하나님 앞에서 교만했기 때문이다. 교만은 패망의 선봉이며 넘어짐의 앞잡이이다. 우리는 단 한 번의 교만으로도 크게 실패할 수 있다는 사실을 항상 유념해야 한다. 깊은 강물일수록 조용히 흐르고 곡식은 익을수록 고개를 숙인다.

(7) 하나님을 의심할 때 실패한다.

"저희가 저희 탐욕대로 식물을 구하여 그 심중에 하나
님을 시험하였으며 그 뿐 아니라 하나님을 대적하여 말
하기를 하나님이 광야에서 능히 식탁을 준비하시랴"-시
편 78편 18,19절

하와는 에덴동산에서 무엇 하나 부족함 없는 축복을 누리
면서도 하나님을 믿지 못해 최악의 결과를 초래했다. 이스라
엘 백성 역시 홍해가 갈라지는 것을 보고도, 매일 주시는 만
나와 구름기둥, 불기둥의 역사하심을 보고도 하나님을 의심
했다. 믿음이란 오직 100%만 존재한다. 우리를 살리고 구원
하신 하나님을 언제나 100% 믿으며 나아가자.

둘째, 실패의 결과

7전 8기라는 말처럼 한두 번 실패해도 다시 도전할 수 있
다면 실패는 성공을 향한 과정이 된다. 그러나 신앙의 실패
는 단 한 번의 실패로도 우리의 영혼을 파멸에 이르게 할 수
있다. 다음과 같은 실패의 결과들이 우리의 삶에 나타날 때
정신을 차리고 다시 주님 앞에 돌아가 자비와 은혜를 구해야
한다.

(1) 실망한다.

"아합이 엘리야의 무릇 행한 일과 그가 어떻게 모든 선지자를 칼로 죽인 것을 이세벨에게 고하니 이세벨이 사자를 엘리야에게 보내어 이르되 내가 내일 이맘때에는 정녕 네 생명으로 저 사람들 중 한 사람의 생명 같게 하리라 아니하면 신들이 내게 벌 위에 벌을 내림이 마땅하니라 한지라 저가 이 형편을 보고 일어나 그 생명을 위하여 도망하여 유다에 속한 브엘세바에 이르러 자기의 사환을 그곳에 머물게 하고 스스로 광야로 들어가 하룻길쯤 행하고 한 로뎀나무 아래 앉아서 죽기를 구하여 가로되 여호와여 넉넉하오니 지금 내 생명을 취하옵소서 나는 내 열조보다 낫지 못하니이다 하고 로뎀나무 아래 누워 자더니 천사가 어루만지며 이르되 일어나서 먹으라 하는지라" – 열왕기상 19장 1-5절

모세는 일이 뜻대로 되지 않을 때 죽기를 바랐고, 여호수아도 실패를 경험했을 때 눈물을 흘리며 주저앉았다. 구약에서 가장 큰 능력을 보인 선지자 엘리야도 실패를 통해 오히려 죽기를 바랐다.

(2) 이기적이 된다.

"그러나 지족하는 마음이 있으면 경건이 큰 이익이 되느니라 우리가 세상에 아무것도 가지고 온 것이 없으매

또한 아무 것도 가지고 가지 못하리니 우리가 먹을 것과 입을 것이 있은즉 족한 줄로 알 것이니라 부하려 하는 자들은 시험과 올무와 여러가지 어리석고 해로운 정욕에 떨어지나니 곧 사람으로 침륜과 멸망에 빠지게 하는 것이라 돈을 사랑함이 일만 악의 뿌리가 되나니 이것을 사모하는 자들이 미혹을 받아 믿음에서 떠나 많은 근심으로써 자기를 찔렀도다" – 디모데전서 6장 6-10절

위대한 인물들도 크고 작은 실패를 경험했다.

믿음의 성현들도 마찬가지다. 실패를 통해 배우고 하나님과 더 가까워진다면 오히려 우리에겐 축복이 된다. 그러나 실패가 가지고 있는 부정적인 이미지 때문에 우리는 과도하게 실패를 경계한다. 그리고 사소한 실패를 숨기려고 더 큰 죄를 지으며 다시 실패하지 않으려고 부정한 방법을 찾는다. 바울은 이런 사태를 막기 위해 무엇에든 자족하며 범사에 감사하는 삶을 살라고 권면했다. 감사하는 사람은 실패를 통해서도 넘어지지 않고 주님을 향해 계속 나아가기 때문이다.

(3) 고통을 겪는다.

"여자가 해산하게 되면 그 때가 이르렀으므로 근심하나 아이를 낳으면 세상에 사람 난 기쁨을 인하여 그 고통을 다시 기억지 아니하느니라" – 요한복음 16장 21절

하나님은 우리가 이 땅에서 행복할 수 있도록 모든 것을 창조하셨으나 죄로 실패한 인간은 하나님의 뜻과 의도를 벗어나 고통 가운데 살아가고 있다. 다행히 하나님은 이런 우리를 위해서 구원의 방도를 마련해 주셨다. 죄를 자백하고 예수님을 영접해 하나님과 화목하게 된 사람은 고통과 고난이 아닌 기쁨과 감사의 삶을 살아갈 수 있다. 그러나 우리를 찾아와 만나주신 주님을 잊을 때 기쁨과 영광이 충만한 새로운 삶이 아닌 '고난의 연속'인 삶을 세상 사람들과 똑같이 살아가게 된다.

셋째, 실패를 막으려면

우리는 불완전한 존재이기에 예수님처럼 온전한 삶을 살아갈 수는 없다. 그럼에도 실패의 원인을 알고 최대한 대비한다면 주님의 은혜로 인해 하루하루의 삶을 통해 더욱더 성공에 가까워질 수 있다.

(1) 죄를 버리고 회개해야 한다.

"이러므로 우리에게 구름 같이 둘러싼 허다한 증인들이 있으니 모든 무거운 것과 얽매이기 쉬운 죄를 벗어 버리고 인내로써 우리 앞에 당한 경주를 경주하며" – 히브리서 12장 1절

우리를 실패하게 만드는 가장 큰 원인은 죄다. 인간이 실패하는 이유는 단적으로 죄 때문이다. 실패하지 않으려면 죄를 짓지 말아야 하며, 지은 죄는 즉시 회개함으로 거룩한 삶을 살아야 한다. 진정한 회개는 입술이 아닌 행동으로 나타나는 것임을 또한 명심해야 한다.

(2) 내 뜻을 버리고 하나님의 뜻에 순종해야 한다.

"이스라엘아 네 하나님 여호와께로 돌아 오라 네가 불의함을 인하여 엎드러졌느니라 너는 말씀을 가지고 여호와께로 돌아 와서 아뢰기를 모든 불의를 제하시고 선한 바를 받으소서 우리가 입술로 수송아지를 대신하여 주께 드리리이다 우리가 앗수르의 구원을 의지하지 아니하며 말을 타지 아니하며 다시는 우리의 손으로 지은 것을 향하여 너희는 우리 신이라 하지 아니하오리니 이는 고아가 주께로 말미암아 긍휼을 얻음이니이다 할찌니라 내가 저희의 패역을 고치고 즐거이 저희를 사랑하리니 나의 진노가 저에게서 떠났음이니라" - 호세아 14장 1-4절

마음에 드는 생각대로, 마음이 끌리는 대로 단 하루만 살아보자. 정상적인 삶을 살 수 없을 정도로 수많은 죄를 지어야 하며 그중에는 성경이 아닌 사회적으로도 용인되지 않는 끔찍한 죄도 있을 것이다. 우리를 창조하신 주님의 뜻을 따라 살아가는 것이 유일한 성공의 방법이다.

(3) 주님 안에 거해야 한다.

"나는 포도나무요 너희는 가지니 저가 내 안에, 내가 저 안에 있으면 이 사람은 과실을 많이 맺나니 나를 떠나서는 너희가 아무것도 할 수 없음이라 사람이 내 안에 거하지 아니하면 가지처럼 밖에 버리워 말라지나니 사람들이 이것을 모아다가 불에 던져 사르느니라 너희가 내 안에 거하고 내 말이 너희 안에 거하면 무엇이든지 원하는대로 구하라 그리하면 이루리라" – 요한복음 15장 5-7절

죽어가는 가지를 살리는 유일한 방법은 나무에 접붙임 하는 것뿐이다. 완전하신 주님 안에 거하며 그 품 안에서 즐거움과 기쁨을 느낄 때 우리는 성공한 삶을 살아가며 풍성한 열매를 맺게 된다.

(4) 헌신해야 한다.

"그러므로 형제들아 내가 하나님의 모든 자비하심으로 너희를 권하노니 너희 몸을 하나님이 기뻐하시는 거룩한 산 제사로 드리라 이는 너희의 드릴 영적 예배니라 너희는 이 세대를 본받지 말고 오직 마음을 새롭게 함으로 변화를 받아 하나님의 선하시고 기뻐하시고 온전하신 뜻이 무엇인지 분별하도록 하라" – 로마서 12장 1,2절

헌신은 자신을 하나님께 드리는 것이다. 하나님이 주신 모

든 것을 하나님의 일을 위해 사용할 준비가 된 사람만이 헌신할 수 있다. 세상과 분리되어 하나님의 나라와 뜻을 위해 살아가는 것이 진정한 헌신이다. 우리의 모든 것을 주신 분은 주님이시기에 우리의 몸과, 재능, 모든 소유까지도 우리는 하나님을 위해 드릴 각오가 되어 있어야 한다. 하나님께 헌신하는 사람의 인생은 하나님이 책임져주시기에 결코 실패하지 않는다.

결론

세상의 모든 사람은 실패가 아닌 성공을 바란다. 그러나 성공과 실패가 무엇인지 명확하게 기준을 내리지 못하기에 거듭난 그리스도인조차도 실패하는 삶을 살아가며 고통을 겪는다.

그리스도인의 실패는 곧 믿음의 상실이다. 하나님을 잊어버리고 자기 뜻대로 살아갈 때 우리는 실패하게 되며 순종하지 않고 하나님을 믿지도 않음으로 교만할 때 실패하게 된다. 단 한 번의 실패로도 마음이 절망에 빠지며 삶의 의욕까지도 없어지는 것을 경험할 수 있기 때문에 우리는 실패의 원인이 무엇인지 알고 미리 대비해야 한다

.

죄를 멀리하고 지은 즉시 회개해야 하며 우리의 뜻보다는 하나님의 뜻을 따라 순종하는 사람은 실패를 경험하지 않을 수 있다. 주님 안에 거하며 주님의 뜻을 따라 헌신하는 사람은 주님이 주신 능력으로 주님이 책임져주시는 성공한 삶을 살아가게 될 것이다.

3

성경과 교훈에 대한
성경공부

1. 기적의 바른 이해

기적이란 보다 낮은 차원의 법칙이 높은 차원의 법칙에 의해 지배당하는 것이다. 세상의 법칙이 하나님의 법칙을 따르는 것으로 결코 세상 사람들이 생각하는 무질서가 아니다. 기독교는 기적의 종교이다. 기적을 믿지 못하면 성경을 믿을 수 없고, 성경을 믿을 수 없다면 복음도 믿을 수 없다. 말씀으로 하나님이 세상을 창조하신 사건에서부터, 동정녀에게 나신 그리스도, 다시 오실 주님의 재림 역시 세상의 법칙으로는 이해가 되지 않는 일들이다. 그러므로 기적이 무엇인지 올바로 이해해야만 바른 믿음을 가질 수 있다.

1. 기적과 관련된 용어

성경에는 기적을 보통 '이적'이라는 단어로 표현했다. 이적에는 크게 두 가지 의미가 있다.

(1) 기사(Wonders)

기사는 이적을 목격한 사람들이 느낀 놀라움이다. 주님이 어떤 목적을 가지고 중풍병자를 일으키셨음에도 목격한 사람들은 중풍병자가 일어난 현상에만 집중하는 것이 기사다.

다음 성경 구절을 찾아 성경에 등장한 기사가 무엇인지 살펴보자.
- 마가복음 2장 12절

- 마가복음 4장 41절

- 마가복음 6장 51절

- 마가복음 7장 37절

'기사'는 성경에서 결코 단독으로 쓰인 적이 없으며 항상 '표적'과 연결되어 쓰여있다.

다음 성경 구절을 찾아보자.
- 사도행전 14장 3절

- 로마서 15장 18절

- 마태복음 24장 24절

- 히브리서 2장 4절

(2) 표적(Sign)

표적은 목적을 포함한 이적이다. 표적으로 드러난 이적은 징조와 보증의 의미를 내포한다. 이적을 행한 사람의 신분을 보장할 수 있는 경우 성경에는 흔히 표적으로 기록되어 있다.

다음 성경구절을 살펴보자.

● 이사야 7장 11절

● 이사야 38장 7절

2. 기적이 일어나는 영역

기적은 인간의 능력 밖에서 일어나는 일이다. 성경의 기적은 때때로 우리의 생각 범주를 넘어서 일어나곤 한다.

(1) 성경의 기적 중에 자연계에서 일어난 기적들은 무엇인가?(수 10:12-14)

(2) 성경의 기적 중에 동물계에서 일어난 기적들은 무엇인가?(민 22:28)

(3) 성경의 기적 중에 인간들에게 일어난 기적들은 무엇인가?(창 19:26)

(4) 성경의 기적 중에 불치병을 치유한 기적들은 무엇인가?(왕하 5:10–14)

기적은 자연계뿐 아니라 동물계, 인간, 자연법칙, 질병 등 모든 영역에서 일어날 수 있기에 하나님의 능력을 우리의 생각으로 제한해서는 안 된다.

3. 예수께서 행하셨던 기적

4복음서에 나오는 예수님이 일으키신 기적은 35가지다. 그러나 요한은 주님이 행하신 기적이 이보다 훨씬 더 많다고 증거했다. 복음서에 나와 있는 예수님의 기적을 살펴보면 다음과 같다.

(1) 자연을 다스리신 주님
창조주 하나님과 동등하신 주님의 말씀에 자연들도 복종했다. 다음 구절을 찾아보자.
● 마태복음 8장 26,27절

● 마태복음 14장 22–33절

(2) 마귀를 물리치신 주님

마귀는 이 땅에 오신 예수님을 갖가지 유혹으로 넘어뜨리려 했으나 주님은 모든 간교를 물리치시고 구원의 사역을 이룸으로 승리하셨다. 다음의 구절을 찾아보자.

● 마가복음 1장 23-27절

● 마가복음 5장 12,13절

● 마태복음 8장 28-32절

● 마태복음 9장 32,33절

● 마태복음 15장 22-28절

● 마태복음 17장 14-18절

(3) 만병을 고치시는 주님

도저히 고칠 방법이 없는 병들도 주님께서는 깨끗이 낫게 하셨다. 다음 구절을 찾아보자.

● 마태복음 8장 3-15절

● 마태복음 9장 6절

● 마태복음 9장 33절

● 마태복음 11장 1–5절

● 누가복음 13장 12절

● 누가복음 14장 2절

● 누가복음 17장 19절

● 요한복음 5장 9절

● 요한복음 9장 1–38절

(4) 죽음을 정복하신 주님

사람이 결코 피할 수 없는 숙명도 주님 앞에서는 아무런 문제가 되지 않는다. 주님께서 누구를, 어떤 방법으로 살리셨는지 살펴보자.

● 마태복음 9장 18–26절

● 누가복음 7장 12–15절

● 요한복음 11장 43,44절

그 외에도 주님께서 일으키신 여러 기적들을 찾아보자.

- 요한복음 2장 1-11절

- 요한복음 6장 1-14절

- 마태복음 15장 32-39절

4. 기적의 목적

성경에 나오는 기적에는 항상 상응하는 목적이 있다.

다음 성경 구절을 찾아 어떤 기적이 어떤 목적으로 일어났
는지를 살펴보자.

- 요한복음 11장 40-42절

- 사사기 6장 11-24절

- 출애굽기 4장 2-9절

- 출애굽기 16장 4절

- 마태복음 11장 2-5절

- 고린도후서 12장 12절

● 로마서 15장 18, 19절

● 요한복음 20장 31절

5. 오늘날 기적이 일어날 가능성

성경에 나오는 기적들이 지금 우리가 살고 있는 시대에도 일어날 수 있는가? 우리는 어떻게 생각하는가? 만약 일어날 수 있다고 생각한다면 어떤 방법으로 일어난다고 생각하는가? 일어나지 않을 것이라고 생각한다면 마찬가지로 그 이유를 말해보자.

오늘날에도 기적은 일어날 수 있다. 주님은 지금 시대에 어떤 방법을 통해 기적을 일으키겠다고 말씀하셨는가?(고전 12:8-11)

오늘날에는 이미 구원이 완성되었고 하나님의 말씀인 성경이 존재하므로 구약시대나 초대 교회 때만큼 기적이 빈번하게 일어나지는 않는다.

6. 마귀가 행하는 기적

인간은 기적에 약하다. 눈으로 기적을 직접 목격한다면 하나님을 믿겠다고 말하는 사람도 많으며 많은 거짓 선지자들도 거짓 기적으로 사람들을 속인다. 하지만 주님은 주님이 아닌 다른 사람도 기적을 일으킬 수 있다고 말씀하셨다.

- 신명기 13장 1-3절

- 마태복음 7장 15-23절

- 데살로니가후서 2장 3절

- 데살로니가후서 2장 9절

- 요한계시록 13장 13절

신명기 13장 1-3절을 읽은 뒤 우리가 생각하는 기적이 무엇인지 적어보고 함께 나누자.

적용

1. 성경에 기록된 기적을 생각나는 대로 적어보자.

   우리는 이 기적들을 통해 신앙의 어떤 힘을 느꼈는가? 하나님의 전능하심을 묵상하며 생각해 보자.

2. 주님은 다양한 영역에서 많은 기적을 행하셨다. 그 주님은 지금도 살아계시며 역사하신다(마 28:20, 히 13:8). 우리는 삶의 어떤 부분을 주님께 의지하고 싶은가?

3. 기적에는 항상 상응하는 목적이 있다. 지나치게 기적의 현상에만 몰두하면 목적을 놓치고 현상만 따르는 기적의 오류에 빠질 수 있다.

4. 주님은 성경을 통해 오늘날에도 능히 기적을 일으키실 수 있다. 주님의 능력과 기적을 믿지 못하기 때문에 주님께 구하기보다 혼자서 끌어안고 힘들어하는 문제가 있는가?

5. 마귀도 능히 기적을 일으킬 수 있다. 성경의 말씀을 따라 기적의 현상에만 집중하지 말고 기적을 일으킨 사람의 모든 면을 주의 깊게 관찰하자(마 7:15-20, 갈 5:22,23).

2. 복의 바른 이해

복은 오늘날 한국 교회에서 가장 잘못 알고 있는 성경의 개념이다. 성경이 말하는 복을 동양의 샤머니즘과 비슷하게 생각하는 사람도 많고 신앙을 단순히 복을 받으려고 믿는 사람들도 많다. 요즘은 기복 신앙을 넘어선 번영신학이 세계 곳곳에 퍼지고 있지만 성경이 말하는 올바른 복이 무엇인지 배워 잘못된 오류에 빠지지 말아야 한다.

1. 복의 잘못된 개념

우리는 복이 무엇이라고 생각하는가? 또 어떤 사람이 복을 받는다고 생각하는가?

우리는 복을 크게 두 가지로 잘못 이해하고 있다.
첫째, 동양의 전통적인 복의 개념으로 성경의 복을 이해하고 있다.
둘째, 세상 사람과 같은 개념으로 성경의 복을 이해하고 있다.

(1) 동양의 복

동양에서 말하는 복은 지극히 인간 중심적이며 현세적이다. 오직 인간의 희망적 기대에만 초점이 맞추어져 있기에 현실의 필요를 채우고자 복을 구한다. 무병장수하고 자자손손 편하게 살 부를 얻는 것이 인생에서 추구할 수 있는 최고의 복이라고 생각한다.

(2) 세상의 복

그리스도인도 복에 대해 다음과 같은 잘못된 생각을 갖고 있다.
- 하나님을 잘 믿으면 무조건 만사형통한다.
- 복을 받으려면 헌금을 많이 해야 된다.
- 그리스도인은 무조건 세상에서 승리한다.
- 고통이나 어려움은 하나님의 뜻이 아니다.

성경이 말하는 복을 잘못 이해하고 세상적인 생각으로 말씀을 바라봤기 때문에 생긴 오해들이다.

2. 성경이 말하는 복

성경에 기록된 복은 헬라어로 '마카리오스(Makarios)'이다. 이 단어에는 네 가지 뜻이 있다.
- 하나님의 존재나 속성을 지칭

- 하나님께 바친다.
- 다른 사람의 삶에 기여
- 사막의 오아시스

참된 복은 받는 것보다 주는 것에 있고 모든 복의 원천은 바로 하나님이시다.

3. 구약에 나오는 복

구약 시대 때 나오는 복이 무엇인지 다음 구절들을 살펴 보자.

- 창세기 1장 28절

- 창세기 9장 1절

- 신명기 7장 13절

- 창세기 12장 2,3절

- 창세기 39장 5,6절

- 레위기 25장 21절

- 잠언 10장 22절

- 신명기 5장 16절

- 신명기 4장 40절

- 신명기 12장 25절

- 이사야 61장 9절

- 신명기 28장 1-14절

- 창세기 24장 1절

- 욥기 1장 10절

어떤 사람들이 이와 같은 복을 누렸는가?
- 시편 33편 12절

- 시편 65편 4절

- 시편 112편 1절

- 시편 128편 1절

- 시편 84편 4절

- 시편 106편 3절

- 시편 2편 12절

- 시편 40편 4절

- 시편 32편 1,2절

- 시편 41편 1절

- 시편 112편 2절

- 잠언 20장 7절

4. 신약에 나오는 복

구약의 복은 세상의 복과 비슷한 개념으로 느껴질 수 있다. 시간이 흘러 하나님의 역사가 진행되고 예수 그리스도가 이 땅에 오셔서 구속 사역을 이루심으로 복의 개념은 확연히 달라졌다.

마태복음 5장 3절부터 10절까지 읽고 어떤 사람이 어떤 복을 받을 것이라고 주님이 말씀하셨는지 적어보자.
(1)
(2)
(3)
(4)
(5)
(6)
(7)
(8)

주님이 말씀하신 팔복은 물질이 아닌 인격적인 복이며, 현세적인 복이 아닌 영적인 복이다. 하나님과 바른 관계를 맺고 인격적으로 성숙한 사람이 하나님께 복을 받는 사람이다. 이 복은 영적인 축복이며 사람들과 맺은 관계를 통해 흘러간다.

팔복 이외에 신약에는 또 어떤 복들이 나오는가?
● 누가복음 1장 45절

- 요한복음 20장 29절

- 갈라디아서 3장 9절

- 마태복음 11장 6절

- 누가복음 10장 23절

- 누가복음 11장 28절

- 야고보서 1장 12절

- 야고보서 5장 11절

이와 같이 신약에서 가르치는 복은 하나님과 직접 관련된 영적인 축복이 대부분이다. 부귀와 장수, 그밖의 복들은 부차적인 것으로 그다지 중요한 것들은 아니다.

적용

1. 우리가 생각하는 복은 무엇이며, 어떤 사람이 복을 받는다고 생각하는가?

성경이 말하는 복은 무엇이며, 우리가 생각한 복과 어떤 차이가 있는가?

2. 구약 시대의 복은 무엇이며, 어떤 사람이 그 복을 받았는가? 신약 시대에서 복의 개념은 어떻게 변했으며, 무엇이 복이고 그 복을 받은 사람은 누구인가?

3. 오늘 배운 내용을 돌아볼 때 우리가 진정한 복을 누리기 위해서는 어떤 삶을 살아야 하겠는가?

4. 복을 받기 위해서 어떤 행동을 한 적이 있는가? 어떤 복을 받기 위해서였는가? 앞으로는 복을 위해 어떤 일을 하겠는가?

3. 안식일과 주일의 바른 이해

안식일은 십계명에서 언급될 정도로 중요한 절기다. 그럼에도 오늘날에는 왜 안식일을 지키지 않는지 궁금해 하거나 혹은 우리가 지키는 주일이 안식일이라고 생각하는 그리스도인이 많이 있다. 안식일이 주일인줄 알고 율법적으로 이스라엘 사람처럼 지키는 그리스도인 또한 많다. 성경을 올바로 알지 못할 때 이런 오해들이 생긴다. 성경에 나오는 안식일이 무엇이며 오늘날의 주일과는 어떤 차이가 있는지 성경을 통해 살펴보자.

1. 안식일의 유래와 역사

안식일은 누구에 의해 언제부터 시작됐는가?(창 2:1-3)

하나님이 6일 동안 세상과 인간을 창조하시고 7일째 안식하심으로 안식일이 시작됐다. 안식일은 일주일의 제일 마지막인 토요일이 맞다. 조금 더 정확히 말하면 금요일 저녁 해질 무렵부터 토요일 저녁 해질 무렵이 성경에 나오는 안식일이다.

(1) 안식일은 모세가 율법을 받은 이후부터 지켜졌는가? 아

니면 그전부터 지키고 있던 절기였는가?(출 16:22-30)

(2) 하나님은 모세에게 십계명을 통해 안식일에 대해 뭐라고 말씀하셨는가?(출 20:8-11)

(3) 하나님이 이스라엘 백성에게 안식일의 중요성을 재차 강조하신 것은 언제인가?(신 5:12-15)

(4) 하나님은 가나안 정복 직전에 백성들에게 다시 안식일의 중요성을 가르치셨다. 시간이 흐른 뒤 선지자 이사야는 안식일의 중요성에 대해 뭐라고 말했는가?(사 56:2-7)

(5) 포로에서 해방된 이스라엘 백성들에게 안식일의 중요성을 다시 일깨운 사람은 누구인가?(느 10:31)

2. 안식일의 규례

하나님은 안식일에 어떤 규례를 명하셨는가?
● 출애굽기 20장 9절

● 신명기 5장 13절

하나님이 이스라엘 백성들에게 하지 말라고 내려주신 규례들이 무엇인지 찾아보자.

- 출애굽기 20장 10절

- 느헤미야 10장 31절

- 느헤미야 13장 15-17절

- 느헤미야 13장 19절

- 예레미야 17장 21절

- 출애굽기 34장 21절

안식일의 규례를 어긴 사람은 어떤 벌을 받았는가?(민 15:32-36)

3. 안식일의 의미와 교훈

우리는 안식일의 의미가 무엇이라고 생각하는가?
안식일의 교훈과 의미는 다음과 같다.
- 일주일 중 하루를 구별하는 성별(聖別)의 의미가 있다.

- 하나님과 교제를 위해 필요하다.
- 안식일에 대해 주신 계명을 통해 순종과 불순종을 알수 있었고 그 결과에 따라 축복과 저주가 결정됐다.

4. 안식일의 폐기

우리 시대의 성도들은 더 이상 안식일을 지키지 않고 있다. 그 이유가 무엇이라고 생각하는가? 안식일이 언제, 왜 없어졌다고 생각하는가?

유대인들이 안식일의 의미를 잘못 이해하고 얽매여 있을 때 예수님은 어떻게 행동하셨는가?
- 마가복음 1장 21절

- 누가복음 4장 31절

- 누가복음 13장 14절

- 요한복음 5장 10절

주님이 안식일에 이런 행동을 하신 이유는 무엇인가?(마 12:18)

주님은 안식일뿐 아니라 모든 율법의 주인이시다. 예수님이 십자가에 돌아가시며 하나님과 사람들 사이를 중보하셨기에 이제 우리는 율법을 지킴으로 구원받는 것이 아니라 하나님의 은혜로 인하여 구원받는다. 십자가에서 예수님이 구속 사역을 완성하셨기 때문에 안식일을 포함한 모든 율법은 폐기됐다. 이런 이유로 우리는 더 이상 유대인과 같은 방법으로 안식일을 지킬 필요가 없다.

5. 주일의 유래

안식일 대신 우리는 매주 첫째 날인 일요일을 주일로 지키고 있다. 지금 우리가 주일을 지키는 이유와 근거가 무엇이라고 생각하는가?

주님은 우리의 죄를 대속하시려고 십자가에서 돌아가셨다. 또한 우리에게 생명을 주시려고 안식 후 첫날, 주일에 부활하셨다. 초대 교회 그리스도인은 부활하신 주님을 기념하고 기억하기 위해 주일에 모였다.
다음의 성경구절에 나온 모습을 통해 초대 교회 그리스도인이 어떻게 모였는지 살펴보자.
- 사도행전 20장 7절

● 고린도전서 16장 1,2절

오순절날 성령이 강림해 초대 교회가 시작된 날도 바로 주일이었다. 이런 이유들로 우리는 여러 날 중 주일을 선택해 함께 예배를 드리고 있다.

6. 안식일과 주일의 관계

우리는 안식일과 주일이 관계가 있다고 생각하는가?

성도들은 안식일과 주일이 어떤 식으로든 일련의 관계가 있을 것이라고 생각하지만 사실 안식일과 주일은 아무런 연관성이 없다. 안식일은 율법과 함께 폐기됐고, 주일은 율법적으로 주어진 계명이 아니기 때문이다. 구약의 안식일이 신약의 주일로 바뀌었다고 생각하거나 안식일이 다른 의미의 주일이라고 생각하는 것은 잘못된 견해다.

안식일과 주일에는 다음과 같은 차이점이 있다.
● 안식일은 주의 마지막 날이지만
   주일은 주의 첫째 날이다.
● 안식일은 하나님의 창조를 기념하지만
   주일은 주님의 부활을 기념한다.

- 안식일에 하나님은 휴식을 취하셨고
  주일에 주님은 더 바쁘게 활동하셨다.
- 안식일은 창조의 완성을 기념하는 날이고
  주일은 구원의 완성을 기념하는 날이다.
- 안식일은 율법 상의 의무로 행해졌고,
  주일은 자발적인 기쁨으로 지켜진다.
- 안식일은 유대인을 위한 날이고
  주일은 모든 그리스도인을 위한 날이다.

7. 주일에 대한 그리스도인의 태도

우리는 오늘날 우리가 주일을 어떻게 지켜야 한다고 생각하는가?

성경에는 주일을 어떻게 지키라고 나와 있는 구절이 없다. 성경에 나와 있는 초대 그리스도인의 삶과 교회의 역사를 통해 우리는 성도로써 주일을 어떻게 지켜야 하는지를 배울 수 있다.

- 우리 죄를 위해 돌아가시고 생명을 주기 위해 부활하신 주님을 기억해야 한다. 언젠가 다시 오실 주님을 기다리는 마음으로 주일을 지켜야 한다.
- 주님과 교제하며 주일을 보내야 한다.

- 주님의 보혈로 거듭나 한 가족이 된 성도들과 교제하며 보내야 한다.
- 주님께 감사드리며 보내야 한다.
- 물질보다 주님을 더 사랑한다는 표시로, 하나님 나라와 사역을 위해 헌금을 정성껏 준비해 드려야 한다(고전 16:2).
- 하나님의 말씀을 청종하고자 하는 마음으로 교회에 가야 한다.
- 하나님과 이웃을 섬기며 보내야 한다.

적용

1. 6일 동안 천지와 인간을 창조하신 하나님이 7일째 안식을 취하며 안식일은 시작됐다. 안식일은 율법이 주어지기 전부터 준수되고 있었으며 이후 하나님은 율법을 통해 안식일에 대한 규례를 명령하셨다. 만약 하나님께서 오늘날의 주일에도 과거 안식일과 같은 규례를 명령하신다면 우리는 하나님의 명령에 순종하며 주일을 지킬 수 있겠는가?

2. 안식일은 구속 사역을 완성하신 주님으로 인해 완전히 폐기됐다. 우리는 더 이상 안식일에 얽매일 필요가 없다. 그럼에도 여전히 우리 마음속에 안식일에 대한 어떤 의심이나 혼란스러운 생각이 있는

가? 그것은 무엇이며, 왜 그런 생각이 들었는가?

3. 주일은 주님이 부활하신 날이며 교회가 탄생한 날이다. 우리가 주일을 지키는 것은 우리의 주되신 주님을 기억하고 기념함으로 예배를 통해 온전히 주님을 높여드리기 위해서다. 우리는 매주 어떤 마음으로 예배를 드리고 있는가?

4. 주일은 안식일과 달리 율법적인 계명으로 주어지지 않았다. 주일을 지키면 복을 받고 주일을 지키지 않으면 저주를 받는다는 생각은 잘못된 것이다. 마찬가지로 주일을 다른 날과 구분해서 지켜도 안 된다. 그리스도인은 매일 주님과 교제하고 주님을 섬기며 생활해야지 6일은 세상 사람과 똑같이 살다가 주일에만 주님을 찾는 사람이 아니기 때문이다. 평일과 주일을 구분 없이 우리는 매일 주님과 교제하며 주님을 섬겨야 한다. 주일뿐 아니라 모든 날을 주님 안에서 올바르게 살아야 한다.
그리스도인은 주일을 어떻게 지켜야 하는지 생각나는 대로 적어 보자.

4. 치유의 바른 이해

20세기에 들어서면서 병 고침에 대한 논란이 그리스도인 사이에서 무척 심하게 일어났다. 하나님의 능력을 힘입어 당연히 치유의 은사를 펼쳐야 한다고 적극적으로 주장하는 교파가 있는가 하면 병 고침을 사단의 역사라고까지 극단적으로 주장하는 교파도 있었다. 여전히 현대 의학을 부정하며 몸에 이상이 생기면 기도원을 찾아가 금식하거나 유명한 목사님을 찾아가 안수를 부탁하는 그리스도인도 있다.

우리는 그리스도인이 병에 걸렸을 때 이 문제를 어떻게 해결해야 한다고 생각하는가?
또한 치유의 은사에 대해서 어떤 생각을 갖고 있는가?

1. 치유의 하나님

능력의 하나님은 우리의 병을 고쳐주시는 치유의 하나님이시기도 하다. 성경에는 하나님이 초자연적인 방법으로 사람의 병을 고쳐주시는 많은 장면들이 나온다. 또한 하나님은 이스라엘 백성들에게 "규례를 지킬 때 모든 질병으로부터 지켜주시겠다"라고 약속하셨다.

출애굽기 15장 26절을 묵상해보자.

2. 성경에 나타난 치유의 사건들

(1) 구약에 나타난 치유의 사건들

다음 성경 구절을 찾아 누구의, 어떤 병이 치유 받았는지 살펴보자.

- 창세기 20장 17,18절

- 민수기 12장 10-15절

- 민수기 21장 8,9절

- 열왕기상 13장 1-6절

- 열왕기상 17장 17-24절

- 열왕기하 4장 32-37절

(2) 신약에 나타난 치유의 사건들

다음 성경 구절을 찾아 누구의, 어떤 병이 치유 받았는지 살펴보자.

- 요한복음 4장 46-54절

- 마태복음 8장 14, 15절

- 마태복음 8장 1-4절

- 마태복음 8장 5-13절

- 마태복음 9장 18-26절

성경에 기록된 치유의 사건을 볼 때 어떤 생각이 드는가?

3. 치유의 방법

다음 구절에 나오는 사람들의 병이 어떤 방법으로 치유됐
는지 살펴보자.
- 민수기 12장 10-15절

- 민수기 21장 8, 9절

- 열왕기상 13장 1-6절

● 마태복음 12장 10-13절

● 요한복음 4장 46-54절

● 마가복음 2장 1-12절

● 빌립보서 2장 17절

4. 누가 치유했는가?

우리는 사람도 치유의 기적을 행할 수 있다고 생각하는가?

다음 구절을 통해 어떤 사람이 치유의 기적을 행했는지 살펴보자.

● 창세기 20장 17,18절

● 출애굽기 15장 26절

● 열왕기상 17장 17-24절

● 열왕기하 4장 32-37절

- 마태복음 4장 24절

- 마태복음 8장 16절

- 마태복음 10장 1-8절

- 사도행전 28장 7-10절

5. 오늘날에도 치유가 가능한가?

오늘날에도 성경에 나오는 치유의 기적이 가능하다고 생각하는가?
그렇게 생각하는 이유는 무엇인가?

오늘날에도 치유의 기적이 필요하다고 생각하는가?
필요하다고 생각한다면 그 이유는 무엇인가?

(1) 치유에 대한 극단적인 두 가지 견해

치유에 대한 가장 극단적인 견해 두 가지가 있다.
첫째, 치유의 기적들은 기독교를 정립하는데 목적이 있었고 지금은 그때와 시간적, 환경적 상황이 다르므로 더 이상은 치유가 필요하지 않다는 견해다. 치유를 포함한 성경의 모든 기적은 원시 교회 시대에만 국한된 것이며 특별한 목적이 있었기에 일어난 일들이라고 믿기 때문이다.

둘째, 치유의 능력은 반드시 필요한 기적이라는 견해다. 교회가 치유의 능력을 상실한 것은 시대가 달라서가 아니라 그리스도인이 하나님의 능력을 상실했기 때문이라는 견해다. 이들은 치유가 일어나지 않는 이유가 다르기 때문에 주님의 능력을 구함으로 치유의 기적을 행해야 한다고 생각한다.

(2) 오늘날의 치유에 대한 성경의 견해

오늘날 치유의 기적에 대해 성경은 뭐라고 말하고 있는가? 이에 관한 말씀들을 요약하면 다음과 같다.

첫째, 성경은 신유의 은사를 가르치고 있다. 이는 분명한 하나님의 능력이며 지금도 역사하실 수 있다. 고린도전서 12장 9절을 찾아보자.

둘째, 신유의 은사를 가진 사람도 이런 기적을 일으킨 적이 있다. 우리 주변에서 신유의 은사로 고침을 받았거나 누구를 고친 사람이 있다면 어떤 상황이었는지 다른 이들과 나누어 보자.

셋째, 성경에는 신유의 은사가 언제부터 사라질 것이라고 나와 있지 않다.

넷째, 그리스도와 사도들의 말씀의 권위를 세우고 복음을 전파하기 위해 치유의 기적이 많이 사용됐다. 복음을 믿고 주님을 이미 영접한 그리스도인은 치유의 기적보다 영적 성숙을 위해 믿음 생활을 해야 한다. 성경에서도 뒤로 갈수록 치유의 기적이 점진적으로 줄어들고 있는 것도 사실이다.

다섯째, 모든 능력과 기적이 하나님으로부터 온 것은 아니다. 주님은 이에 대해서 어떻게 경계하라고 말씀하셨는가?(마 7:21-23)

여섯째, 치유의 능력보다 중요한 것은 말씀에 나타난 하나님의 뜻을 행하는 것이다. 주님은 이에 대해서 뭐라고 말씀하셨는가?(마 7:24-27)

(3) 그리스도인과 의학

우리는 병의 원인이 무엇이라고 생각하는가?

어떤 사람은 모든 질병의 원인이 죄라고 단정한다. 이런 사람은 모든 질병은 치유의 기적을 통해 고쳐야 한다고 주장하지만 성경은 두 가지 주장을 다 부정한다.

다음 성경 구절을 통해 죄가 아닌 다른 이유로 병을 얻은 사람들을 살펴보자.

- 요한복음 9장 3절

- 고린도후서 12장 7절

- 욥기 2장 7절

- 다니엘 8장 27절

- 다니엘 10장 15−19절

- 빌립보서 2장 25,26절

- 창세기 48장 1절

- 열왕기하 1장 2절

위의 말씀들에 나와 있듯이 죄가 아닌 다른 이유로도 얼마든지 병은 생길 수 있다.

성경에서 치유의 기적이 아닌 다른 방법으로 병을 고친 사람들에 대한 말씀들도 살펴보자.

- 역대하 16장 12절

- 예레미야 8장 22절

- 열왕기하 20장 7절

- 누가복음 10장 34절

- 디모데전서 5장 23절

- 야고보서 5장 14절

위의 말씀들에 나와 있는 것과 같이 치유의 기적이 아니더라도 얼마든지 병이 나을 수 있다. 성경이 반드시 치유의 기적을 통해 병을 고쳐야 하며, 모든 병이 죄의 원인이라고 주장하지 않는다는 사실을 우리는 알아야 한다.

적용

1. 하나님은 병을 치유하시는 주님이시다. 성경에는 수많은 치유의 기적들이 기록되어 있다.

   병 때문에 하나님께 간절히 기도한 경험이 있는가? 혹은 기도를 통해 치유를 경험한 적이 있는가?

2. 성경에 나와 있는 치유의 방법은 매우 다양하다. 그러므로 어떤 한 가지 방법만이 병의 원인이며 고칠 수 있는 방법이라고 우리는 주장해서는 안 된다.

   우리가 알고 있는 치유의 방법이나, 목격한 적이 있는 다양한 치유의 방법이 있다면 나누어보자.

3. 오늘날에도 하나님은 살아서 역사하신다. 지금도 의학으로 고칠 수 없는 병들이 주님의 권능을 통해 치유되는 역사가 일어나고 있다. 그러나 모든 병이 치유의 기적을 통해 고침을 받아야 하는 것은 아니며 하나님이 기도한다고 모든 병을 치유해 주시지도 않는다. 치유의 능력보다 중요한 것은 복음을 통해 주님을 영접하고 말씀을 실천함으로 성숙한 신앙인이 되는 것이다.

   치유 운동이 오늘날의 기독교에 주는 좋은 영향과 나쁜 영향에 대해 서로 나누어보자.

4. 모든 병의 원인이 죄라는 주장이나, 모든 병은 치유의 은사를 통해 고쳐야 한다는 주장은 완전히 잘못됐다. 하나님은 의사나 약을 통해서도 능히 역사하신다.

   그리스도인과 의학은 어떤 관계에 있다고 생각하는가?

4

예화

자유주의 신신학을 따르는 한 교회에서 목사가 설교 중에 성경에 대해 말하고 있었다.

"여러분, 창세기부터 신명기까지의 모세오경은 이스라엘의 역사를 신화적이고 교훈적으로 기록한 책입니다."

이 말을 들은 교인들은 "이스라엘의 신화적인 역사 책을 무겁게 들고 다닐 필요가 어디 있겠는가?"라고 말하며 뜯어냈다.

얼마 후 목사는 "성경에 있는 예언서들은 꿈을 많이 꾼 사람들이 자기 나름대로 이상한 꿈을 꾸어 적은 것들"이라고 말했고, 교인들은 "어쩐지 복잡하더라"라고 말하며 또 잘라냈다.

그다음 주일에는 사복음서에 대해 "사도들이 예수님의 과거 생활을 두고 예수 그리스도를 중심으로 종교를 만들어 보려는 과대망상으로 구전되어오던 것을 편집한 것"이라고 말하여 교인들은 복음서도 떼어내었다. 그런 다음 모든 신약의 서신들은 "사도 바울이 교회를 일으켜보려고 보낸 개인적인 서한들이며, 요한계시록은 유배 중이던 사도 요한이 정신적인 혼동을 일으켜 망상적으로 본 것을 기록하였다"라고 말하여 모든 교인들이 이 부분을 다 잘라내고 말았다.

성경을 다 잘라낸 교인들은 "교회에는 아무것도 없다"라고 말하며 뿔뿔이 흩어졌고, 그 교회에는 목사와 그의 가족만이 남아 있게 되었다.

젊은 시절 빌리 그래함 목사는 성경의 완전 영감에 대한 도전적 논쟁 때문에 크나큰 신앙의 시련을 겪었다.

그는 자유주의적 신신학자들의 고등 비평에 부딪혀 성경 영감에 대한 자기의 신앙적 입장을 확실히 하지 않으면 안 될 처지에 밀려 있음을 깨달았다.

어느 날 그는 깊은 불안과 고민에 빠져 혼자서 달빛 비치는 숲속으로 걸어 들어갔다. 그리고 하나님 앞에 꿇어앉아 성경 위에 손을 얹고 "주님 재림하실 때까지 성경은 하나님의 말씀으로 완전 영감된 것으로 받아들이고 다시는 일순간이라도 그 문제에 관해서는 재론하지 않겠습니다"라고 약속했다. 그 후로 그는 마음에 큰 평안을 얻었고 그의 복음 증거에는 위대한 능력과 하나님의 축복이 같이 하였다고 한다.

어떤 목회자가 목회에 관한 좋은 충고를 얻고자 선배 목회자를 방문하였다.

선배 목회자는 그를 응접실로 영접하고 인사를 나눈 후 "목사님께서 오늘을 위하여 삶의 양식으로 정한 말씀은 무엇입니까?"라고 물었다.

후배 목회자가 약간 당황하는 기색을 보이자 그는 계속해서 말했다.

"떡집에 손님이 왔을 때 "오늘은 떡이 없습니다"라거나 생선 집에 손님이 왔을 때 "오늘은 생선이 없습니다"라고 하면 그 가게는 신용을 잃고 말 것입니다. 우리는 하나님의 말씀을 나누어 주는 가게입니다. 우리에게 하나님의 말씀이 하루라도 없으면 우리는 폐업을 할 수밖에 없겠죠."

미국 캔자스 주의 어떤 사람이 다이너마이트를 사용하여 바위를 폭파시키다가 잘못하여 두 손과 두 눈을 잃고 말았다.

그는 성경을 읽고 싶었으나 눈이 보이지 않았고 손이 없어서 점자로도 읽을 수 없었으므로 궁리 끝에 혀로 점자 읽는 법을 배웠다. 그러나 혀는 너무 약하여 오랫동안 성경을 읽으면 피가 흘렀고 고통이 심했다. 그래도 그는 기뻐하면서 계속하여 성경을 읽었다 한다.

류 월리스는 기독교는 거짓이요 쓸데없는 종교임을 책으로 쓰기 위하여 성경을 읽기 시작했다. 그러나 그는 성경을 읽는 동안 생각이 달라지고 진리를 발견하게 되었다. 무신론 관념이 변하여 믿음이 생겨난 것이다. 그는 자기의 잘못을 깨닫고 마침내 불후의 명작인 『벤허』를 썼다.

피니는 미국의 저명한 판사였다. 선진 국가의 재판관은 성경의 모세 오경이 하나님께서 인간에게 주신 법이기 때문에 하나님께서 법을 어떻게 제정하고 형은 어떻게 내리는가를 성경을 보고 연구한다.

그도 역시 성경을 사다 놓고 열심히 연구하는 중에 큰 감명을 받고 신앙생활을 하기로 결심하였다. 그러나 마음속에는 커다란 고민이 자리 잡기 시작했다.

"이 성경이 꼭 하나님의 말씀인가? 그렇다면 어째서 하나님 말씀대로 살아가는 그리스도인이 그렇게 잘못 살고 있는가? 성경은 하나님의 말씀이 아니다."

깊은 번민 속에 방황하던 피니는 드디어 성경은 분명한 하나님 말씀임을 마음에 확정하였다. 문제는 믿는다고 하면서도 하나님의 말씀대로 살지 못하기 때문에 하나님의 축복을 받지 못하는 것임을 알았다. 그는 병상에서도 날마다 성경을 읽었으며, 성경 속에 포함된 32,500가지의 약속을 믿게 되었다.

그 후 죄 사함을 받고 성령의 침례(세례)를 체험한 그는 재판소에 출근할 때나 퇴근할 때 성령의 강한 감동이 오면 산으로 올라가 가시덤불 사이에서 부르짖어 기도했다고 한다. 그는 목사가 아닌 평신도로서 세계적인 부흥사가 되었다.

"나는 위대한 선생님께 교육을 받았다"라고 말한 세계적인 신유 부흥사인 캐트린 쿨만 여사는 정식으로 신학 교육을 받은 바 없었으나 때때로 밤을 새워가면서 성경을 읽었다.

"나는 세계에서 가장 위대한 선생님 밑에서 교육을 받았습니다. 그것은 어떤 유명한 대학교나 신학교에서 받은 것이 아니라 성령의 가르침 밑에 있는 기도의 학교에서 받은 것입니다."

여 전도자로서 네덜란드가 낳은 유명한 부흥사 코리 텐 붐은 유대인을 숨겨 주었다는 죄목으로 붙잡혀 독일로 호송되었다. 그러나 가지고 있던 성경을 어떻게 수용소 안에 가지고 들어가는 데 성공하느냐로 그녀는 근심하였다.

언니 베치와 함께 수용소에 도착하자 간수들은 천여 명의 죄수들이 입고 있었던 옷을 전부 벗기고 목욕을 하게 한 다음 푸른 죄수복올 입히기 시작했다.

그녀의 차례가 되자, 얼른 성경을 싸서 헌 옷가지 더미 위에 던져두었다가 죄수복을 입고는 그 성경을 옷 속에 넣었다. 간수들의 조사를 거쳐서 수용소 감방을 배치받게 되었는데, 얇은 죄수복 속에 성경을 넣었으므로 성경이 불룩하게 튀어나왔다.

앞사람부터 조사하여 오자 코리 여사는 하나님께 기도했다.

"주님, 당신의 천사를 보내사 우리를 에워싸 주시옵소서. 그리고 간수들의 눈에 성경이 보이지 않게 해주소서."

그녀의 앞에 서 있던 여자가 조사를 받았다. 그리고 바로 뒤에 있던 베치 언니가 조사를 받았고, 마침내 코리 여사의 차례가 왔다. 그런데 이상하게도 간수들은 그녀를 보지도 않고 지나갔다. 이렇게 해서 성경을 수용소에 가지고 들어갔던 코리 여사는 그 안에서도 성경을 연구할 수 있었고 여러 신자들을 위하여 성경공부를 지도할 수 있었다고 한다. 생명을 위협받는 위험한 일임에도 불구하고 성경이 없으면 살지 못하는 신자의 모습을 보여 준 것이다.

진화론자로 알려진 찰스 다윈이 남양군도에 사는 식인종들의 생활상태를 시찰하고 돌아와서 "그 식인종들을 문명화시키고 그 악습을 뿌리뽑으려면 적어도 수천 년이 걸리겠다"라고 발표하였다

그러나 다윈이 그렇게 발표한 지 몇백 년도 되지 않아서 선교사들이 복음을 들고 남양군도에 들어가서 학교를 세워 교육하고 병원을 세워서 무료로 치료해 주며 성경을 가르쳤다. 그들은 죄악의 흉독성과, 죄악이 멸망을 자초한다는 사실을 깨닫고 회개하여 새사람이 되었다.

어느 날 한 대학생이 존슨 박사에게 물었다.
"정말 성경이 하나님의 말씀입니까?"

존슨 박사가 "자네는 성경을 몇 번이나 읽고 여기에 왔는가?"라고

묻자 "한 번도 읽지 않았습니다"라고 대답했다.

"성경을 한 번도 읽어보지 않고서 성경이 이러니저러니 말하는 것은 너무 건방진 태도다. 성경을 읽은 후에 오도록 하라"라고 하며 학생을 되돌려보냈다.

우리의 양식이요, 등이요, 마음을 녹여 주는 봄이요, 악마의 머리를 깨뜨리고 승리와 성공과 영광의 자리로 인도하는 위대한 말씀이 성경인 것이다. 그러므로 말씀을 읽어야만 한다.

오래전, 아프리카의 흑인 노예들을 가득 태운 노예선이 미국을 향해 떠났다. 배 밑창에 갇혀 있던 흑인들은 반란을 일으켜 탈출하기로 결정하고 일제히 갑판으로 뛰어올라왔다. 그러고는 모든 백인들을 바다에 던져 넣고 모든 기물을 파괴하였다. 선장실에 있던 나침반마저 부숴버린 그들은 이제는 자유하게 되었다고 기뻐하였다.

그러나 나침반이 없는 그 배는 방향을 잃어버리고 파도에 견디지 못해서 결국 파선하고 말았다. 우리 인생 행로도 성경이 없으면 그 영혼은 파멸하고 만다.

몇 해 전에 이태리에서 선교하고 있는 한 선교사가 벽을 쌓고 있는 어떤 사람에게 전도하면서 성경 한 권을 주었다. 그 미장이는 비웃으면서 쌓고 있던 벽 속에 성경을 넣고 시멘트로 발라 버렸다.

그런 후에 바로 그곳에 지진이 나서 벽이 무너졌다. 그런데 그 벽을 보수하려고 하던 일꾼이 그 성경 책을 발견해 내어 그것을 읽고 난 후에 예수 그리스도를 믿고 새 생명을 얻었다는 실화가 있다.

아무리 없애려고 하여도 성경은 세상 끝 날까지 없어지지 않는다.

한 노인이 미개간지에 있는 통나무집에서 죽어가고 있었다. 어떤 신앙심이 깊은 부인이 그에게 요한복음 3장 16절을 읽어 주었다.

"하나님이 세상을 이처럼 사랑하사 독생자를 주셨으니 이는 저를 믿는 자마다 멸망치 않고 영생을 얻게 하려 함이라."

이 말씀을 듣자 그 노인은 눈을 들어 그 부인을 바라보더니 "그것 성경에 있는 말입니까?"라고 물었다

"예. 그렇습니다."

"나에게 하는 말일까요?"

"물론입니다. 당신에게 한 말입니다."

그 노인은 잠시 동안 무엇인가를 생각하며 누워있더니 다시 말했다.

"성경에는 또 나를 위해 한 말이 더 있습니까?"

그때 그 부인은 요한복음 1장 12절을 읽어주었다.

"영접하는 자 곧 그 이름을 믿는 자들에게는 하나님의 자녀가 되는 권세를 주셨으니… 하나님께서는 당신에게 주님을 영접하라고 말씀하고 계십니다."

그 노인은 다시 눈을 뜨고서 "나는 주님을 맞아들입니다. 나는 이제 기쁩니다"라고 고요히 말하며 영원히 눈을 감았다.

선 다싱은 예수를 알게 된 데 대하여 말하기를 "나는 성경을 통하여 구주를 알았다. 성경은 구주를 나에게 소개하였다. 그가 묵시로 내 마음에 자기를 나타낼 때 나는 회심하여 땅 위에 있으면서도 하늘에 있

는 것을 느낄 수 있었다. 복음의 목적은 다만 그리스도를 우리에게 소개하는 것이다"라고 했다. 읽는 자로 하여금 구주를 알게 하는 것이 성경이다.

종교 개혁을 감행한 루터와 그 동지들은 성경에 대하여 다음과 같은 신념을 가지고 말하였다.

"성경은 좋은 금이 묻혀 있는 광구와 같으니 우리는 그 광구를 개발하여 금을 파내야 될 것이다. 그러나 어떤 이는 그 광구 전체를 금으로 생각지 아니하여 금을 파내려고 하지 않는 것 같은 태도를 취하고 있다. 우리는 그 광구로 돌아다니며 괭이를 들고 금을 파내야 할 것이다."

에이브러햄 링컨에 대하여는 수없이 많은 미담이 있다. 남북전쟁이 극도로 불리해졌을 때에 일리노이 주지사는 링컨에게 "모든 일이 뒤틀려만 간다"라는 극히 절망적인 사연의 편지를 보냈다. 여기에 대해 링컨은 "사랑하는 다이크씨! 가만히 서서 주께서 구원하시는 것을 보시오"라고 답장을 써 보냈다.

그는 어떻게 그렇게 대담하고 침착할 수 있었는가? 다른 데 비밀이 있는 것이 아니라 이 '빼빼 마른 사람 링컨'은 통나무집에서 언제나 성경을 읽었다는 것이다. 그리고 그는 다만 전능하신 하나님의 능력이 자기라는 파이프를 통과해 갈 것으로 생각했던 까닭이다.

전 미국 대통령 에이브러햄 링컨은 인디아나의 시골, 학교도 없는 곳에서 출생했다. 그의 아버지는 배우지 못했으며, 어머니는 조금 나은 편이었다. 그래서 어머니에게서 글과 성경을 배우고 그 교훈 가운데서 자랐다. 어머니의 지식과 성품과 신앙과 사랑은 링컨의 학교요 배경이었다. 그러나 불행이랄까, 링컨이 11세 되던 해 그 어머니는 세상을 떠났다.

임종을 앞둔 어머니 낸시는 사랑하는 아들의 손을 잡고, "얘야, 나는 너를 두고 하나님 아버지 앞으로 간다. 나는 네게 좋은 집도, 좋은 밭도, 어떤 재산도 주지 못한다. 그러나 나는 네게 이 성경 책 한 권을 유일한 유산으로 주고 간다. 너는 한평생 이 가운데 있는 말씀으로 보배를 삼고, 재산을 삼고, 양식을 삼고 이 교훈대로 살아 나가거라. 그러면 네 길이 형통할 것이다"라고 말하고는 숨을 거두었다

링컨은 어머니의 유언을 명심하고 성경을 애독했다. 그리고 그대로 살기에 힘썼다. 마침내 16대 대통령이 되고 흑인 노예를 해방시킨 링컨은 오직 성경 한 권으로 세계를 얻다시피 하게 된 것이다.

독일이 낳은 위대한 종교 개혁자 루터는 "성경은 모든 선한 것을 가져온다"라며 다음과 같이 말한 바 있다.

"하나님의 말씀이 아니고서는 영혼은 아무것도 아니다. 하나님의 말씀은 생명을 가져오고, 진리를 가져오며 빛과 평화를 가져오고, 의롭다 함과 구원과 기쁨을 가져오고, 자유와 지혜와 덕을, 은총과 영광과 그 밖의 모든 선함을 가져온다."

과연 성경은 그것을 읽고 지키는 자에게 가장 좋은 것들을 가져다주는 것이다.

성경은 동양에서 나서 동양 옷을 입고 다닌다. 그러나 가는 곳마다 자

기 집이다. 성경은 600여 방언으로 각 사람의 마음에 말하여 준다. 성경은 제왕도 하나님의 하인임을 가르쳐 주고자 궁전으로 들어가며, 빈민도 하나님의 자녀임을 가르쳐 주고자 초가로 들어간다. 아이들은 재미있게 그 이야기를 들으며, 지인(知人)들은 애써가며 그 진리를 연구하니, 이는 무서운 때에 평화가 되며, 슬플 때에 위안이 되고, 캄캄한 때에 빛이 되는 거룩한 책이다. 악한 자와 오만한 자는 그 앞에서 떨지라도 회개하며 겸손한 자에게는 기쁨이요, 평안이다. 그러므로 이 보고를 가진 이는 가난하거나 고독하지 않을 것이다.

기독교가 다시금 새로운 힘을 발견한 것은 성경 때문이다. 우리가 가진 이 오랜 성경은 그리스도의 교회를 젊고 건전하게 만들었다. 성경에서 우리는 예수 그리스도를 통하여 나타나신 하나님의 묵시를 찾는다. 그리스도는 성경의 왕이시고, 주인이시다. 성경은 그리스도 위에 지은 소옥(小屋)과 같다.

크롬웰은 영국 왕 찰스 1세가 민권을 무시하고 백성을 괴롭힐 때 청교도의 군대를 거느리고 왕을 친 후 공화 정치를 베풀었던 사람이다. 그의 어머니는 성경을 심히 사랑하고 늘 부지런히 읽었으며, 그 아들에게도 언제나 성경을 읽어야 할 것과 가지고 다녀야 하는 것이 신자의 본분이라고 말했다. 그래서 크롬웰은 어려서부터 늘 성경을 몸에 지니고 다녔다.

한 번은 크롬웰이 전장에 나가서 적군과 교전하던 중 그만 적군의 총알이 크롬웰의 가슴에 맞았다. 그러나 이상하게도 크롬웰은 아무렇

지도 않았다. '이게 웬일인가?'하고 이상하게 생각하며 웃옷을 벗은 그는 총알이 주머니 속에 든 성경 책에 박혀 있는 것을 발견했다. 총알이 박힌 곳은 전도서 12장 1절의 "네가 청년의 때에 네 창조자를 기억하라"라는 부분이었다.

크롬웰은 성경을 사랑하고 성경을 언제나 갖고 다니는 중에 뜻밖에 하나님의 도우심을 입은 것이다. 이를 미신적으로 받아들여서, 성경을 갖고 다니면 생명을 보존한다고 생각해 갖고 다닐 것은 아니다. 그러나 성경을 사랑하고, 보고, 듣고, 지켜 행하는 자에게 도우심은 반드시 있는 것이다.

약 200년 전, 아마도 그 당시에 가장 유명한 사람이던 조소가 볼테르는 "얼마 안 있으면 성경은 쓸데 없어질 것이다"라고 예언하였다. 그러나 오늘날 그가 이러한 문구를 작성한 집이 대성경회사(大聖經會社) 사무소의 하나가 되었다. 그리고 볼테르의 이름은 거의 잊혀지게 되었으나, 성경은 그동안에 전 세계에 엄청나게 진출하였다. 성경은 결코 없어질 수 없다.

망망한 바다 한가운데서 배 한 척이 침몰하게 되었습니다.
모두들 구명보트에 옮겨 탔지만 한 사람이 보이지 않았습니다.
절박한 표정으로 안절부절 못하던 성난 무리 앞에 급히 달려 나온 그 선원이
꼭 쥐고 있던 손바닥을 펴 보이며 말했습니다.
"모두들 나침반을 잊고 나왔기에… "
분명, 나침반이 없었다면 그들은 끝없이 바다 위를 표류할 수 밖에 없을 것입니다.

우리는 삶의 바다를 항해하는 모든 이들을 위하여
그 나침반의 역할을 하고 싶습니다.
우리를 구원하신 위대한 주 예수 그리스도를 널리 전하고 싶습니다.

"하나님은 모든 사람이 구원을 받으며
진리를 아는 데에 이르기를 원하시느니라"
(디모데전서 2장 4절)

힘을 다하여 **주님께 배우라**
김장환 목사와 함께 / 주제별 설교 • 성경공부 • 예화 자료

발행처 | 나침반출판사
발행인 | 김용호

개정판 | 2021년 7월 15일

등　록 | 1980년 3월 18일 / 제 2-32호
본　사 | 07547 서울특별시 강서구 양천로 583
　　　　블루나인 비즈니스센터 B동 1607호
전　화 | 본사 (02) 2279-6321 / 영업부 (031) 932-3205
팩　스 | 본사 (02) 2275-6003 / 영업부 (031) 932-3207
홈　피 | www.nabook.net
이　멜 | nabook365@hanmail.net

ISBN　978-89-318-1615-0
책번호　마-1206

※이 책은 김장환 목사님의 설교 자료와
여러 자료를 정리 편집해 만들었습니다.

값은 뒤표지에 있습니다.